西方保守主义经典译丛
丛书主编　冯克利

我们的敌人：国家

【美】艾尔伯特·杰伊·诺克 著　彭芬 译

Our Enemy, the State

江西人民出版社
Jiangxi People's Publishing House
全国百佳出版社

图书在版编目（CIP）数据

我们的敌人：国家／（美）诺克著；彭芬译. ——南昌：
江西人民出版社，2015.12（2023.9 重印）

（西方保守主义经典译丛／冯克利主编）

ISBN 978 - 7 - 210 - 07442 - 7

Ⅰ . ①我… Ⅱ . ①诺… ②彭… Ⅲ . ①国家理论 - 研究
Ⅳ . ①D03

中国版本图书馆 CIP 数据核字（2015）第 137176 号

我们的敌人：国家

（美）诺克著 彭芬译

江西人民出版社出版发行

长沙超峰印刷有限公司印刷 新华书店经销

2015 年 12 月第 1 版 2023 年 9 月第 4 次印刷

开本：660 毫米 ×960 毫米 1/16 印张：10.75 字数：130 千字

ISBN 978 - 7 - 210 - 07442 - 7 定价：28.00 元

赣版权登字 - 01 - 2015 - 446

江西人民出版社 地址：南昌市三经路 47 号附 1 号

邮编：330006 学术出版中心电话：0791 - 86898143

网址：www.jxpph.com

E - mail：jxpph@ tom. com web@ jxpph. com

（赣人版图书凡属印刷、装订错误，请随时与江西人民出版社联系调换）

致埃德蒙德·凯德威兰德·伊万斯

Edmund Cadwalader Evans

一位杰出的经济学家，他是少数深谙国家本质的人之一

人是否生于罪、长于邪恶，我不知道，然而，我绝不怀疑，政府生于侵犯，也长于侵犯。

——赫伯特·斯宾塞（Herbert Spencer），1850

而今我们的文明面临的最致命的威胁是：国家的干预，任何自发的社会力量都被国家所吞噬；我指的是，那些长久以来支撑、滋养和推动人类命运的自发的历史行为。

——约西·奥特加·Y. 贾塞特（José Ortega Y. Gasset），1922

它（国家）承担了大量新的义务和责任；它权力的触角全面而隐秘地伸及公民所有的行动；它俨然成为一个新的宗教，赋予自身行为以宗教方能具有的尊严与情操；它的行使者跃升成为一个独立而优越的阶层，大权在握，巧取豪夺。然而，有一点从起初伊始未曾改变：它始终是所有敏锐的、勤勉的、体面的公民共同的敌人。

——亨利·L. 门肯（H. L. Mencken），1926

总　序

冯克利❶

　　在中国介绍西方保守主义，于今未必是一件能讨好人的事。首先是因为它引起的联想不佳。对于深受进步主义观念影响的读者来说，一提"保守"二字，往往会想到有碍"进步"的旧道统，想到特权和等级秩序，更直白地说，想到抵制变革的"反动势力"。

　　其次，还有一个更现实的原因。对于结构已然相对稳固、运转顺畅的社会来说，或许有很多东西值得保守。但是一个亟待转型的国家，如果好的旧事物留存下来的不多，体制依然尚无定式，这时人们便更愿意用变革来换取改进。倡导保守者于此不免自作多情，徒言往圣先贤而无"活着的"旧制可以依傍，会因缺乏所谓"建设性"和"前瞻性"而为人所诟病。与西方不同，中国人大多并不以保守主义者自居。

---

❶冯克利，山东大学政治学与公共管理学院教授、博士生导师，国内著名翻译家。主要译著有《民主新论》《乌合之众——大众心理研究》《致命的自负》《论公民》《宪政经济学》《哈耶克文选》《邓小平时代》等；发表论文有《柏克保守主义思想的法学来源》《政治学的史学转向——马基雅维里的现代意义刍议》等三十余篇；著有《尤利西斯的自缚：政治思想笔记》和《虽败犹荣的先知》。

这种理解可能没有错，但也忽略了保守主义的另一些特点。

首先，保守主义虽然尚古，但它本身并不是古董。就像社会主义、自由主义和民主主义一样，保守主义也是一种典型的现代思想。人们或许能从近代以前的思想家中找到类似保守主义的言论，如柏克之前的胡克（Richard Hooker，1554—1600）和巴特勒（Joseph Butler，1692—1752），但不能据此认为18世纪末之前便已有保守主义，因为那时人们并没有保守主义的自觉。保守主义是与现代世界同步发生的。1789年的法国大革命这一旷世巨变，才使保守主义真正成了一股强大的思想和政治势力。它所面对的不但是一个变化的世界，而且支持变化的观念和推动变化的技术手段，与民族国家的力量相结合，也使其规模与强度与往昔不可同日而语。它既清除陈旧的束缚与压迫，也能斩断一切凝聚社会的纽带。保守主义自觉与之对抗的便是"现代性"充满危险的一面，但它本身也是现代思想体系重要的一环。

其次，另一个常见的误解是，保守主义是一种专属于权贵或既得利益的意识形态。其实，保守主义自其诞生之日起，在西方便有着广泛的社会基础，支持保守主义政治势力的普通民众在欧美遍布各地，可见它并没有特定的阶层归属。厌恶频繁的变化乃人类的天性之一，大变革可以为英雄带来快感，但也能给生活的各个方面造成严重的不适。多数人并不希望自己的生活成为政客施展革新大业的舞台。保守主义所要维护的不是任何特定的利益，而是一种稳定的社会秩序模式。在保守主义看来，这种秩序的存在既是人的基本需求之一，也是文明成长的要件。

再次，保守主义多被喻为政治列车的刹车器，讽其抱残守缺，不知进取，缺少"行动能力"。在很多情况下确实如此。然而，姑不论阻止变革也需勇气和社会动员，即使从革除时弊的角度看，远有英国保守党首相罗伯特·皮尔（Robert Peel）和丘吉尔，近有美国总统里根和英国首相撒切尔夫人，皆表现出强大的行动力，其厉行鼎革的勇气丝毫不让于对手。可见在重新为社会定向的问题上，保守主义思想同样可以提供强大的动力来源。在国际关系领域更不待言，欧美的保守主义者通常比其他政党持更强硬的立场，更加倾向于"行动主义"。

不过，以上所述只涉及保守主义的形式特点。如果观察保守主义的思想内容，则会发现它并不是一个条理清晰的体系，而是有着十分复杂的成分。即以保守主义鼻祖柏克来说，他向不以理论家自居，其思想缺乏严谨一致的外表，法国的迈斯特与他相比，基督教宿命主义的倾向就要清晰得多。英美保守主义因柏克的缘故而与古典自由主义和法治传统结下不解之缘，同样受柏克影响的德国保守主义，则呈现出浪漫主义和民族主义的激情。在19世纪，黑格尔是普鲁士国家主义的辩护士，法国的贡斯当和托克维尔则为现代商业文明和民主趋势提供了理论支持。此后的保守主义思想同样成分复杂，有些甚至相互冲突。例如，同为德语文化圈的哈耶克和卡尔·施米特，大概除了可以共享保守主义之名外，两人的思想甚少相似之处。在英国的保守主义思想家中，奥克肖特的思想很世俗化，克里斯托弗·道森（Christopher Dawson）却是虔诚的天主教信徒。保守主义者在美国通常是小政府和地方主义的支持者，在法国则多是中央集权派。在经济学领域，政治光谱中偏保守的人多为市场至上派，但很多文化保守主义者对经济自由带来的物质主义有很大保留。施特劳斯对现代资本主义嗤之以鼻，可是在安·兰德看来，它是西方文明最珍贵的成果。有些保守主义者常常表现出民族主义甚至种族主义倾向，但也有不少保守主义者依然信守由基督教传统中演化出的普世主义。

所有这些难免给人一种印象，保守主义是一个混乱的概念。就如同哈耶克和亨廷顿所说，对于应当保守者为何，保守主义者并无统一的目标。它缺少清晰稳定的政治取向，因此不能提供一种实质性的理想。但是换一个角度看，思想色彩各不相同的人都愿意用"保守主义"自我或互相标榜，至少说明了它具有强大的工具性价值。保守主义本身可能无力提供一种完备的替代方案，但对于维护社会中某些既有的结构性成分，或避免某些政治方案的恶果，它却能发挥不可替代的作用。从这种工具角度来理解保守主义，使它与其他政治学说相比，拥有更多守护原则的实践技艺。所谓"道不自器，与之圆方"，它可以为变革与连续性之间的平衡提供一定的规范。从这个意义上说，保守主义不是政治哲学，而是一种古典意义上的"政策"理论；它不是无视现实的传统主义或文化原教旨主义，而是现实政治和伦理生活的有机组成部分。

保守主义虽然谈不上是一种严整的思想体系，勉强给出清晰的定义可能是费力不讨好的事，但还是可以为它归纳出一些基本特征。作为一个复杂的思想群体，这些特征不是表现在他们的共同主张上，而更多的是反映在他们的共同反对上。

第一，大体而言，保守主义者对于以现代技术理性为基础的进步主义持怀疑态度，他们不相信进步有无可争议的正面价值，认为眼前的经验并不足以为人的正确行为提供足够信息。无论观念还是技术革新给生活方式造成的改变，其长远后果不是立刻就能看清楚的，所以保守主义者都反对激进变革，对历史和信仰的传统持虔诚的敬畏态度。

第二，在保守主义者看来，社会不是外在于人类活动的客观事实，可以由人对其任意加以改造。社会最可贵之处，是通过特定群体长时间的实践活动而形成的内生秩序，它类似于一个复杂的有机体，其最好的、最自然的变化是演化与生长，这个过程不排除理性的作用，但由于人性天生并不完美，所以理性在引领变革中最重要的作用是审慎。

第三，社会的稳定性在很大程度上是由家庭伦理、风俗习惯和宗教信仰来维系，它们使人们在生活中感到惬意，形成真正的权威认同。如果这些因素受到破坏，恢复起来将极为困难。因此培育和守护这些因素，乃是维持社会健康的必要条件。

第四，保守主义者对政府权力一向保持戒备，不信任基于权利平等的现代民主政体具有至上价值。他们认为贤能政治（meritocracy）更有益于社会整合和道德风气的培养；肯定基于自然原因的不平等的正面意义。

第五，保守主义还有一个并非无关紧要的特点：它严重依靠历史和传统叙事，认为所谓科学思维提供的各种原理不具有道德和社会优势，因此排斥超越时空的理性批判。这使保守主义文献在话语风格上文学叙述多于逻辑分析，引经据典和释义成分多于体系建构，这也是保守主义缺乏系统性理论的一个重要原因。

自保守主义诞生二百多年来，相关文献汗牛充栋，由于产生的时代和区域背景不同，各派思想杂陈，良莠不齐，即或择其一支加以系统介绍，亦恐难以办到。编辑出版这样一套丛书，仅仅是着眼于过去西方保守主义在中国相对而言译介不多，如今反思百年革命者众，而对革命回应最有力的西方保守主义传统，却缺乏足够的文献可资借鉴，不免是一件憾事。在就民族未来亟须重建共识的时代，编者愿借这套丛书的出版，为中国读者提供一个机会，掬他山之水，浇灌我们的智慧。

是为序。

2015 年 8 月 20 日于济南历山雀巢居

译　者　序

　　诺克的《我们的敌人：国家》一书在国内并不算关于自由至上主义学派的十分知名的代表性著作，鲜有人推荐阅读。我想个中原因有多重，作为该书的中译者，看到其中一重应该是与其文风有很大关系。由于作者出身新闻记者的缘故，该书虽作为诺克一生的重要代表作品，也是自由至上主义学派发源史上的重要作品之一，书中并未沿袭如洛克的《政府论》、斯密的《国富论》等著作那样的对普遍原理的系统性的推演与论证，而是如新闻稿一般将每一个例证如故事一般地浓烈地铺陈出来，令得其中关于国家本质的论述显得触目惊心。而在理论层面，诺克在简要地重述了奥本海默关于"经济手段"与"政治手段"的区别，以及其关于国家是垄断性地施用"政治手段"的机构的理论后，进而得出国家是阶级剥削工具的结论，而且，对这个结论诺克也没有再做更深的理论论证，笔锋转而论古道今地举了历史中的国家作为例证加以分析。若阅读了洛克从自然状态、自然权利到契约论的一气呵成的理论范式，或是联邦党人精细地雕琢论证每一项制度原理，遑论康德缜密而气势磅礴地为自由进行的规范性推演，可能会觉得书中的理论论证部分太少了，少得令我们这个被科学论证范式驯化了的时代抓狂，以至于可能不以这本用时下流行的话语说"不科学"的书为然。这可能是国内对它鲜有关注的原因之一。

然而，这提出了一个问题：关于国家的普遍原理，唯有科学推演的范式方可得到吗？诺克在书中一再地强调他运用的是历史学的方法，在他的意义上，说的是通过对发源的分析，立足于历史事实，找出历史现象中共同的质素，那就是事物的本质。这是在科学化以前人类就已驾轻就熟地寻找历史规律的方法。诺克谈到，在对疟疾起源的种种理论假设中，一直忽略了这种疾病固定的传播载体——蚊子，从而阻碍了人类发现疟疾真正起源的步伐。换句话说，这些理论太不接地气了，不接地气到忘记了一个十分显白的因素——蚊子这个载体。这里，诺克尖刻地讽刺了西方一直以来如关于疟疾起源的种种精美理论一般的"华丽丽的"国家哲学，华美却忽略了历史事实本身，正是这一个个华丽丽的理论给西方社会编织了一个关于国家起源于社会、与社会同一的华美的幻想，这个幻想正中国家的下怀，国家因此居心叵测地大肆雕琢和营销这种幻想，沉醉于理论推演的哲学家们不幸成了国家的共谋。可惜，越华美的理论离历史事实本身越遥远，而理论与事实之间过大的距离，在政治这个事件中，不仅令理论无用，甚至危险。诺克谈到，正是这些华美的理论消解了美国知识界对政治现实的辨识力，令得美国国家主义的扩展得不到任何预警。由此可以说，诺克这本《我们的敌人：国家》的翻译出版无疑给经年累月浸润于华美的自由主义国家学说中的中国读者一个挑战：我们真有对政治现实的辨识力吗？我们是否遗忘了某些传统的政治智慧，它们虽不科学，却洞悉隐遁于政治生活背后的质素？我们的专家中有不少成了"砖家",真的仅仅是因为被利益收买,还是我们专家们的训练模式其实科学却不够"政治"呢?毕竟政治是人类生活中最基本但也是最复杂、最晦暗的维度啊!

当然,对诺克行文风格的理解还需要考虑到一点:他和门肯所代表的是美国自由至上主义学派的发源期,在这个时期,因为刚刚发现美国自由主义正逐步背离古典自由主义传统的趋势,对于这一代学者,他们最主要的使命是发出警报,其使命是迫切且紧急的,不容冗长的理论论证,需要如先知预警人世一般,简洁、有力、一针见血,唤醒人们的警觉,而作为新闻记者出身的诺克和门肯无疑是那一时代"先知"的合适人选。当然,二者出色地完成了这一使命,他们通过各自的杂志发声引领了一个时代对当权的自由主义叛变个体自由的反思,预警了该种叛变对美国民众心性及未来命运的影响。正是深谙自身的使命,诺克曾著文《以赛亚的职分》(Isaiah's Job),以"以赛亚"自比自己在时代中的角色。

当然,本书还有一个触目惊心的立场:国家是阶级剥削的工具,国家这种垄断政治手段的机构一定会制造出两个对立的阶级——剥夺阶级和被剥夺阶级,剥夺阶级必然施用国家这种途径竭尽所能攫取被剥夺阶级的财富。中国的读者会觉得这个立场如此耳熟能详:难道这不是马克思主义的阶级观和国家观吗?这里要做一点小小的补充。诺克的阶级观与马克思的虽然形似,却不神似。慕雷·罗特巴德(Murray N. Rothbard)在其所著关于美国自由至上主义之历史的书中梳理了诺克阶级观的来源及与马克思阶级观的区别,这里加以引介。在源流上,诺克的阶级观来源于马克思之前(pre‐Marxian)的阶级观,主要来自于拿破仑之后的法国的个人主义和自由至上主义思想家孔德（Charles Comte）和蒂诺耶尔（Charles Dunoyer）。这两人曾数年教导圣西门，后者接受了他们的阶级观，圣西门在后期又将其改进为，以企业主为工人的剥削者，这种立场被马克思继承。但是，作为自由至上主义者的诺克认为，对抗性阶级是国家干预自由市场的产物，自由市场中是平等主体间的自由交换，其中不存在剥削问题，剥削是政治手段的后果，而非经济手段的后果。诺克认为市场中分配的不等，是自然秩序的结果，没有剥削可言。由此可知，诺克自然持有精英主义立场，或者说，诺克对自由放任市场的保护，其实根本是为了让优秀的人群自由地生产与创造。（Murray N. Rothbard，*The Betrayal of the American Right*，The Ludwig von Mises Institute，2007，pp20 – 22. ）

尽管如此，诺克的阶级观还是引发了一个问题：作为共同发源于古典自由主义的另一个流派，自由至上主义认为任何国家都是阶级剥削的工具而已，国家绝非道德清白，国家与阶级对抗和剥夺共存。这与我们曾奉为圭臬的关于自由宪制国家的神话形成尖锐的对比：不是人类社会已经觉醒了吗，已经根据自由而理性的意志与智识决定订立契约组成共同体，创立公共权力，国家将会仅仅是一只被拔了牙的狮子，有权威却从此不能再伤人了吗？但是，从胡佛政府到罗斯福政府，不过是换了一批剥削阶级的具体人选。可见，诺克绝对无法赞同我们的天真。诺克会说：不！你们会面临新的阶级对抗的具体形式！到时候可能只是换了大企业集团借助国家来剥夺你们而已。诺克尖锐地刺破了自由主义国家的幻景泡沫，逼迫我们从政治的实际来看待国家，可惜的是他得出了一个十分悲观的结论，就是人类对国家吞噬自由的宿命无可奈何。即使我们无法接受这个结论，他的立场也仍然对我们颇有裨益：在我们的政治事业中，基于对国家的切合实际的认知，审慎地审视和抉择每一种国家行为的收益与代价。这恐怕是比继续编织自由主义国家范式的神话更为明智的方式。

本书的中文翻译是很有挑战度的。首先，诺克是新闻人士，也是一位出色的作家，他通晓拉丁文、希腊文甚至希伯来文的作品，能游刃有余地从某一点切入贯通上至柏拉图下至与他同时代的代表作家的作品，所以，他被评价为一个"修养极高的人"（highly civilized man）。同时，作为号召大众反思当权自由主义的先锋人物，他的文章和著作修辞十分考究，使得我往往感到无力将英文原著中那考究的修辞用中文表达得同样完满，在此向读者诸君表示深厚的歉意。其次，因为诺克要打破当时美国学界政治哲学不接地气、对政治现实毫无辨识和透析能力的问题，再加上作为新闻人对美国社会各种事件的熟稔程度，他在书中引用了大量美国的历史事件和他所在时代的时事作为案例，这无疑给中文翻译形成了又一大挑战。为了尽量准确且深度地了解其中所涉事件，译者查阅了大量的中外文献，即使如此，仍存在那些当时占据当地报纸的头条、几十年后的今天却被历史的筛选机制遗忘的事件，因可资考证的资料太少或者没有，译者只能采取合理推断的方式，从而留下了不够精确的遗憾。最后，因为诺克学养极高、涉猎广泛，本书的知识跨度涉及政治学、历史、哲学、经济学、文学、文化人类学等多个领域，要求读者具备较为广泛的知识储备。这大约是因为他以称为"多余的人"为自己的读者，他说这部分人"性情独立、长于理智、富于求知欲"，也就是说，应当具有相应广泛的知识，所以，他书中虽有大量注释，却并非补充相应领域的知识，而是新的例证，甚至是不同领域的例证，对读者的知识广度形成更深的挑战。鉴于此，译者只能在自己力所能及的范围内，加以大量的译者注，为中文读者补充相应的知识，或者至少抛砖引玉引导中文读者去阅读相应的书籍，以求能尽量展现诺克这部作品的魅力。末了，译者恳请读者们体谅但不姑息译文中仍不尽如人意之处，敬请诸位不吝赐教指正。

彭　芬

2014 年 7 月 18 日

第二版序言

当《我们的敌人：国家》于 1935 年面世时，它文字的优美相比于其哲理的深刻似乎更抢占眼球。人们接受其预言的时机似乎尚未成熟，更别说支撑这些预言的理据。对传统的个人主义防线的信念似乎还未能被历史进程所撼动。与这一信念针锋相对的论调，称正是这些经济力量，无论任何时候在任何国家都朝着吞噬社会力量、以政治力量一统天下在此鲜有信众。即，那种"这事儿怎么可能发生在我们国家"的调调成为本书难以跨越的障碍。

第一版售罄时，公共事务的发展充分证实了本书的理念。不到 12 年的工夫，许多美国人都见识了他们的国家也被曾统治了欧洲的理论所俘虏。历史证明了诺克先生的理论，为此书树立了无可抗拒的口碑，做了最佳的广告，因此，当此书售罄时，读者的需求仍然十分旺盛。然而，这一版的铅板被用于战争目的。

1943 年他正酝酿第二版。我就此与他讨论过多次，力劝他详细阐发其经济思想，因为，我认为，针对那些仅具有有限的政治经济学知识的读者，这些思想需要更充分的阐释。他也同意确实必须进一步阐发相关的经济思想，但是，需要在另一本书中，或者此书的第二部中，并且督促我也试试。然而此事因战争搁浅。谁曾料，他竟于 1945 年 8 月 19 日仙逝。

此卷精确复制了第一版。他曾打算做细微的修改，并透露说，主要是做案例的更新，替换掉那些可能对于年轻的读者而言不那么重要的案例。特别是因为续篇将侧重于经济学角度，此种替换势在必行。即便如此，不得不说，《我们的敌人：国家》一书都已自成一体。

弗兰克·秋德诺夫（Frank Chodorov）

1946 年 5 月 28 日作于纽约城

目　录

| 美国国家权力扩张的趋势

1

国家权力的扩张本能

如果审视我们的公共事务，就会观察到一个至关重要的事实：国家与社会间权力的重新分配。这一事实引起了有识之士的兴趣。他们对诸如限价、稳定工资、通货膨胀、政策性银行、"农业产业结构调整"或者其他类似的天天充斥于报端以及政论家和政治家之口的国家政策仅具有次要或者附带的兴味。这些话题都可归结为一个主题。它们其时暂且显得重要，因此俘获了大众的眼球，但是所有这些政策都可以归入一个问题：国家权力的扩张与社会权力相应的衰落。

很不幸，鲜有人懂得，正如国家没有所谓它自己的钱一般，也没有任何它自己的权力。它的所有权力不是社会赋予的，就是时不时以各种借口从社会窃取的；此外别无其他来源。因此，任何国家权力来源学说，不论是宣称赋予的或者夺取的，都会造成社会权力（the social power）的极大丧失，然而，国家权力的增强是绝不可能不以社会权力相应的丧失为代价的。❶

更重要的是，可以推断，国家权力的介入，不仅剥夺了社会在相应领域权力运用的机会，甚至泯灭了它运用其权力的意向。当梅尔·葛诺（Mayor Gaynor）向一位抱怨警察无能的记者指出，其实任何公民都有权利逮捕作恶者并将之带到治安官面前时，震惊了整个纽约。葛诺写道："英格兰和这个国家的法律曾非常谨慎，其赋予警察与治安官的抓捕的权利并不多于给予每个公民的。"然而，国家使用警察机器垄断这一权利由来已久，以至于公民不仅没有意愿自己使用，而且鲜有人知道自己有这一权利。

到目前为止，我们国家遭遇的突发灾害或危机都通过社会权

---

❶国家权力（the state power）与社会权力（the social power）的区分及关系是西方政治哲学的重点话题域，尤其对于自由主义理论而言。社会权力的主体是市民社会，而国家权力的主体是主权国家，所以，这个问题又往往化为国家与社会的问题，对应着自由主义的"国家—社会"二元观。自由主义主张，国家权力来源于社会权力，国家是社会在契约框架下为了生存的便利而委托产生的权力主体，其权力具有公共性和强制性两种基本特征。自由至上主义对国家权力的不信任和防范心理更为深重，更强调个人主义方法论立场、消极自由以及有限国家或有限政府。其代表人物之一诺奇克（Robert Nozick）在其《无政府状态、国家和乌托邦》中曾主张："可以得到证明的是一种最弱意义上的国家，即一种仅限于防止暴力、偷窃、欺骗和强制履行契约等较有限功能的国家。"——译者注

力运作加以解决。事实上，（除了某些制度性的事业，比如老人院、疯人院、城市医院和县级救助站外）贫困、失业、"经济萧条"或类似问题从来不是国家的责任，而是社会权力运作的领域。然而，在罗斯福治下，国家承担起这个功能，公然宣称国家有义务保障公民的生活，这在美国历史上是破天荒的。当然，政治学专业的学生能洞悉个中之意不过是狡黠地图谋大肆扩张国家权力；这并未超出 1794 年詹姆斯·麦迪逊（James Madison）所说的"政治中化任何权变（contingency）为扩张权力的契机的伎俩"；历史证明这一判断是对的。罗斯福的努力对国家与社会间权力平衡的影响非常明显，而且灌输给大众一种观念，即，在这些领域再无须"劳驾"社会权力了。

这就是国家蚕食社会权力的进程变得可以接受，而且实际上被接受的奥妙所在。[1]约翰斯顿（Johnstown）发生洪灾时，社会力量迅速集结，高明而有力地运作。❶ 其充盈有力的特性从财务上就可见一斑，当一切最终恢复正常时，仍有百万美元的结余。如果现在罹受类似灾难，不要说衰竭的社会权力已经爱莫能助，而且社会普遍倾向于请国家解决。社会权力不仅力量衰竭，就连在这些领域运用其权力的意愿也凋零了。既然国家以之为职责，且夺走了社会管理这些事务的权力，何苦作难，索性让国家管理，通

---

❶约翰斯顿是美国的水灾名城，位于宾夕法尼亚州，因为频发洪水而闻名。作者在此处谈到的洪灾究竟是指哪次，译者难以确定。最为人所知的一次洪灾发生于 1889 年。——译者注

过面对乞丐时的反应就可以粗略估计出我们行使社会权力的意愿衰弱到了何种程度。若是两年前，我们会不禁施与乞丐财物；今天却是忍不住将他交给国家救济机构。国家教导社会：你们处理这种事宜的能力不够，也做不好，所以，我只得把权力收回，以我自己的方式使用它。所以，即使乞丐仅向我们讨25美分，我们本能地认为，国家已经为了安置他这样的人向我收取了25美分，他应该去向国家要。

国家对工业与商业的每次积极干预都有类似后果。国家每次干预工资或者物价，或者规定竞争条件时，实质上是宣告，企业已经不能正确使用其社会权力了，所以，它建议收回这些权力，按照自己认为的最佳方式来运作。因而，企业养成了让国家承担后果的习性。举个简单的例子，某天，一位生产某类高度专门化的纺织品的制造商对我说，他的工厂已经亏本经营五年了，就因为他不想在这个困难时期将工人重新推回街上，然而，既然国家介入指导他该如何经营，应该也会愉快地承担起安置下岗工人的责任了。

国家汲取社会权力并占为己有的谋略在它直接介入竞争性领域时表现得最为直白。过去二十年间各国国家权力的扩张速度日趋加快，范围日趋扩大，以至于现在竟可以看到国家扮演起了电报员、话务员、火柴小贩、无线电话务员、大炮铸造工、铁路修筑工，以及生产商、铁路运营商、烟草批发和零售商、船舶制造商和运营商、首席药剂师、港口建筑商、码头建造者、房屋建造者、首席教育家、报业经营者、粮食供应商、保险经纪等角色，涉足行业不胜枚举。^[2]显而易见，这些领域的私营性质将会随着国家权力日渐深入的侵蚀而衰弱，社会权力与国家权力角力往往是螳臂当车，因为国家完全可以设置有利于自身的竞争规则，甚至设置相应前提以取缔社会权力的运用，最终达到赤裸裸的垄断。类似的做法屡见不鲜，我们最熟悉的例子恐怕是国家对信件投递的垄断。社会权力被禁止涉足此行业，即使它的服务价格更便宜，质量至少在这个国家可以说更好。该种垄断对于国家利益的促进起了独到的作用。再无其他途径可以保证如此庞大和丰厚的财政来源，打着公共服务的幌子收获如此庞大和恒定的市场；国家在每个十字路口都设了一个邮政局长。由此可知，政府的施赈部门与党鞭（whip-at-large）的首领常常被委任为邮政部门的首领绝非偶然。

因此，国家常常牺牲社会权力，"化任何权变为契机"扩张自身权力，并且由此在民众中培养了默从的习性。新成长起来的一代，看上去天性适应，或者用美国当下流行的术语说更恰当，被"调教"得适应国家权力的扩张，他们往往视这一持续扩张的过程为再恰当不过。所有国家机构齐心协力灌输这种观念，它们口径一致地宣传社会权力逐步转化为国家权力不仅是合理的，而且对于公共利益是有益与必要的。

2

国家权力扩张的表征

现今在美国，国家权力扩张主要有三大表征。第一，国家权力集中的程度。实际上，所有次级政治单位的主权和治权，只要足够重要、值得国家汲取，都会被吸走。甚至可以说，国家权力不仅集中在华盛顿，更集中在总统一人手中，令现在的政体堪称某种个人独裁政府体制（a regime of personal government）。❶ 我们的政体名义上是共和制，实际上却是独裁制；这一有趣的反常现象，却十分符合一个学识（intellectual integrity）上鲜有天赋的民族的特性。在美国，个人独裁政府体制与在意大利、苏俄和德国的运作方式不一样，还没有什么国家利益可供如此谋取。然而，个人独裁政府就是个人独裁政府，其具体运作是由当下的政治权

---

❶对美国总统权力的扩张的研究是政治学研究的一个重要话题。其中，罗斯福在位执政的 12 年被认为是总统权力扩张的新时期，是"全面的、各种权力的融合扩张"，他夺得了立法、财政经济、行政、军事、外交等各方面的总统主导权力。（参见马秋莎：《罗斯福时期美国总统权力扩张原因初探》，《北京师范大学学报》，1986.2）当然，"9·11"事件之后是另一个扩张的典型时期。国家安全问题凸显后，国会开始给予总统巨大与宽泛的授权，对总统的拨款要求基本是一路放行，由此，总统权力及相应行政部门权力迅速扩张。（参见倪峰：《国家安全与个人自由——观察时下美国保守主义的一个视角》，《太平洋学报》，2002.4）所以，反恐运动提供给美国总统权力扩张的契机与资源是美国本土及世界各国学者的热点话题。——译者注

变推动的，完全由环境决定。❶

这种政体通过一种新兴的、不寻常的、仅在富庶国家发生的政变的方式建立。它不是通过拿破仑式的暴力方式，亦非墨索里尼般的恐怖主义方式，而是采取购买的方式。由此，它堪称政变的美国模式。[3]我们的国家立法机构并未经历如 1851 年法国制宪会议般的武力镇压，而是被公共财政收买放弃职责；1934 年 9 月的选举明显表明，政变成果也通过这样的途径得以巩固；同时，次级政治单位的相应职能在总统的个人统治之下被削弱。[4]这个现象非比寻常，可能是破天荒的，因此，其特征与影响值得被深度关注。

第二大表征为，官僚化原则显著深化的趋势。过去两年里华盛顿新增的理事会、司局和委员会数量之多，令这种趋势昭然若揭。这些林立的机构据说是在公务员体系外新添 9 万名新雇员的一个缩影，仅在华盛顿的联邦雇员的工资据说就逾 300 万美元每

---

❶借鉴这部分的描述，特别是诺克将罗斯福执政的政府体制与意大利墨索里尼政府、苏俄斯大林政府和德国希特勒政府进行的类比与区分，促使译者将 a regime of personal government 翻译为个人独裁政府。从独裁主义这一概念的定义中可以看到，它包括多种政府体制：专制政治、暴政、法西斯主义、纳粹以及极权主义。（参见［英］戴维·米勒、韦农·波格丹诺编，邓正来译：《布莱克维尔政治学百科全书》，北京：中国政法大学出版社，2002：44）诺克对罗斯福政府及总统权力扩张的沉重反思正是他写作本书的原因。在这位自由至上主义者眼中，如此严重扩张的政府体制虽然形式上与其他独裁体制相异，实质精神却是一样的，而且因为其诉诸的民主法理基础，使得这种扩张令人防不胜防，更加具有毁灭性。——译者注

月。[5]然而，这些变化相对只是小打小闹而已。集权的铁腕还采取了将次级政治单位中任何在职位和政治上有野心的人提拔成为联邦官僚机构在当地的贪赃枉法但顺从的代理人的办法。这种模式与罗马帝国弗拉维王朝（Flavian dynasty）末期及其以后的风尚惊人的相似。❶ 在弗拉维王朝，省级，尤其是市级机构中非常重要的权利与事务是上缴的，而非被剥夺的。帝国官僚机构至 2 世纪时为止还相对有限，但到了王朝末期，却迅猛扩展，地方官员迅速窥见了此中利益。他们络绎不绝地来到罗马跑官，而现在在美国，州长、国会的野心家之流也趋之若鹜赶往华盛顿。他们时时关注着罗马的动向，因为只有获得罗马的认可和青睐方能铺就仕途；这些无可救药的马屁精们唯马首是瞻，就像普鲁塔克（Plutarch）形容疑病症患者若没有得到医生的指示，就连饮食和洗澡都不敢一般。❷

第三大表征表现在变贫穷和救助为屡试不爽的政治资源。两年前，很多民众处境艰难；毫无疑问，某种意义上，这不是他们自己造成的，虽然现在显示，民众和政治家们一样认为，在

---

❶弗拉维王朝（Flavian dynasty，69—96），罗马帝国时期的一个王朝，由弗拉维优斯族统治，经历维斯帕西亚努斯（Vespasianus）、提图斯（Titus）和多米提亚努斯（Domitianus）三位君主。维斯帕西亚努斯执政时是强化元首政权的开端，另一方面，在行省制度上，走向恺撒和克劳狄乌斯的道路，广泛地把公民权给予行省居民，尤其是西方罗马化程度最深的地区。到第三位弗拉维优斯时，元首制度的王政本质表现得十分明显。人们必须称元首为 dominus（主人），甚至称他为 deus noster（我们的神）。元老与贵族被看成是他权力统治的工具。——译者注
❷普鲁塔克（Plutarch，46—120），罗马帝国时期的作家。——译者注

谁该贫穷、谁不该贫穷之间没有清晰的界限。民众当时群情激奋，普遍的不幸被视为毫无区别，并且被笼统地作为社会苛待其受害者的证据，而非贪心不足、愚蠢决策或错误行为的自然后果，虽然这种情况占了不少比例。国家本能地"化任何权变为契机"，迅速利用了民众的这种看法，深度推进社会权力向国家权力的转化。它仅仅通过灌输国家对民众过上像样的生活负有责任的观念，就成功地将这些不幸转化为宝贵的政治资源，而且非常灵验。此举立即笼络了一大批选票，创造了牺牲社会以扩展国家的良机。[6]

3

国家权力扩张的一贯性

有一种论调认为，1932 年后国家权力的扩张只是权宜性的和临时的，它对社会权力的相应汲取仅仅是为了应急借用，所以，不必吹毛求疵。这种看法完全缺乏根据。毋庸置疑，我们现行的体制必然发生或此或彼的变化；事实上，它必须改变方能巩固自身。但是，任何本质性的改变都是无历史依据的，是史无前例的，因而是最不可行的；我说的本质性变化，指的是那种重新分配国家与社会的实际权力的变动。[7]本质上，此种变化唯有不发生，而非发生的理由。表面虽见到种种让步和妥协，但是，毋庸置疑，这绝不会真正削弱国家权力。

比如，不久我们必将目睹代表贫困人群和申请救济人群的政团受到间接的而非直接的收买，因为国家不再能够容忍大众洗劫自己的财政部的鲁莽倾向了。所以，从前的直接资助与纯粹的现金购买方式将必然被所谓"社会立法"（social legislation）的间接方式所取代：即，调整成国家操控津贴、保险与补偿多种方式并用的体系。这貌似是国家权力的后退，国家自身也毫无疑问会将此举宣传为其权力的实质性撤退，自然民众也会如此认同。但是，真是如此吗？此举真的意在削弱国家权力、增强社会权力吗？当然不是，恰恰相反。它实质上是为了绝对增强国家在相关领域的权力，并通过持续为国家操控的社会立法开辟通途以实现国家权力的无限增长，手法相当简单。以下还可以佐证社会立法的本质，如果其逐步扩展对国家权力整体不利或者毫无助益，那么，俾斯麦和英国自由党的政治家 40 年前为何竭尽所能采取各种方式，哪怕只是擦着点社会立法的边，也要硬往社会立法上靠呢？❶

有识之士若能观察到以上或者其他表面的我们现行体制回退的迹象，[8]他一定会不由自主地问道：这对国家权力整体有何影响？他得追问这种衰退是实质性的还是表面上的，这才是他真正好奇的。

---

❶所谓社会立法，指的是为了解决许多社会问题而制定有关各种社会法规的总称。"它是依据国家既定的社会政策，经由立法的方式，制定为法律，用以保护某些特别要扶助人群的经济生活安全，或是用以普遍促进社会大众的福利。"所以，有关的社会法规的集合，被统称为社会立法。（概念参见陈国钧：《社会政策与社会立法》，台北：三民书局，1984）——译者注

　　还有另一种论调，即，如果实质性的权力收缩不能自行发生，我们可以通过投票更换政党的方式来促成。这种观念建立在某些与实际情况相悖的假设上，首当其冲的便是，投票权力正如共和政治理论创制它时所设计的那样，因此，全体选民可以之为有效的选择途径。然而，一个明显的、声名狼藉的事实是，实际与此种信念大相径庭。我们名义上的共和体系实质上是依照帝国的形态构建的，我们的职业政治家们扮演着禁卫军的角色，他们常常合谋决定，什么应该"逍遥法外"、如何实现以及由谁来做，连选民投票的规则都是他们决定的。鉴于此，国家权力做出任何佯装顺应民意的退让都是容易的；我们的历史中充斥着无数处理政治问题时说起来容易做起来艰难的例子。由此印证了那个众所周知的假说：政党提名是实打实的，政党的誓言却只是个噱头。更进一步说，所谓"政治行为"的信念和上述的观念一样是认定国家与社会利益至少理论上是同一的；事实却是，理论上这两者的利益是直接对立的，而在政治实践中该种对立已经到了无以复加的程度。

　　即使现在不继续深究这个问题，以上分析也足够说明，实质上，政治家流派虽然不一，但各派对个人独裁政府、控制庞大且持续扩张的官僚体系、操纵大量受笼络的选票等手法的青睐却如出一辙。可以说，这些手法是共和党、进步党、民主党、共产党、劳工党、社会党，或者任何其他参加选举的党的共同兴趣。1934年地方选举运动中那些所谓反对党的政治家的务实态度充分说明了这点。而当前反对党领导人在推动所谓政党"重组"时猴急的态度则更深度地诠释了这一现象。他们说啥无足轻重；然而，其行为却表明，他们察觉到国家权力的扩张趋势；并且决意充分利用该种趋势以使自己能在权力与控制力的争夺中处于有利地位。这就是共和党人所谓的"重组"的真正含义；这一案例足以说明任何通过替换执政党来实现体制的实质性改变的期望是何等虚幻。相反，很明显，无论哪种形式的政党竞争都是换汤不换药，都是对控制和操纵力的竞争，都必然追求权力更为集中、官僚原则更深入扩展、以更多特许权笼络选票。这就是历史的实情，当然，若更深入剖析，会发现它蕴含于权力的本性之中，可以说是表里如一。

事实上，正是通过这种途径，集体主义者梦寐以求的目标在这个国家的实现可谓指日可待，即，国家通过汲取最终耗竭社会的权力。这些人所持的根本理念形成于 19 世纪，被披上了准宗教性的神圣外衣；那些无论是口头还是真心诚意接受这一原则的人甚至在表达形式上都与当时相差无几。比如，希特勒称"国家控制着民族，因为唯有它可以代表民族"时，不过是用了大众化的平实语言表达黑格尔的立场："国家是普遍性存在，个人却是偶然性的"。或者，再如，墨索里尼说"一切为了国家；国家之外无他；一切服从国家"时，他不过是费希特哲学中"国家是更高的权力，是根本的、最终的，完全独立的"的通俗表达。

接下来恐怕是时候分析各种现存的集体主义版本的本质统一

性了。法西斯主义、布尔什维克主义和希特勒主义表面的区别是新闻记者和政论家所关注的；慎思的学生们[9]在众版本中看到了共同的根源性理念——国家权力吸干社会权力。当希特勒和墨索里尼采用一种拙劣的欲盖弥彰的神秘主义加速实现此进程时，学生们立即认出了它的"知音"——黑格尔的配方："用国家让神圣意志在人间显灵"，而不会受到蒙蔽。尽管新闻界和沽名钓誉的游历者称希特勒、墨索里尼二者欲效法"布尔什维克主义此种新宗教"，但学生不禁一针见血指出该种"教诲"试图美化的本质。

4

新型政变

这一社会权力被国家权力汲取的过程目前在本国不似在苏俄、意大利或德国般进展深入。不过，仍然可以观察到两点。第一，这个过程由来已久了，而且最近其进展速率大大提升。这个过程在本国相较于在他国的主要差别是其不易被察觉的特性。杰斐逊先生1823年曾写道：没有什么比"我们政府无声无息地因而令人毫无防范地利用最高法院稳固（即集中）权力"更令他担忧的危险了。不幸的是，这话应验在我们国家权力扩张的每一步当中。其中每一步都无声无息因此失于防范，这个有名的庸庸碌碌、对其他事毫不关心也毫不好奇的民族对之尤其浑然无觉。即使是

1932 年的政变也无声无息、无知无觉地完成了。❶ 在俄国、意大利、德国，政变是暴力的、轰轰烈烈的，在那必然如此；在这里情形完全不同。在一场全国性的、国家主导动员的无聊闹剧和虚浮骚乱的掩饰下，政变不着痕迹地发生了，以至其真正本质未被辨识，甚至至今未被广泛识见。政变后巩固体制的手段也是悄悄地令人毫无防范地进行的；采取了平常而普通的"市井议价"方式，该种方式因循了我们长久以来的政治经验传统。假如有个人从更为贫穷和节俭的国家来到美国，会因法勒（Farley）先生在1934 年的地方竞选活动的盛大场面惊讶甚至震撼，我们却毫无触动。我们对之如此熟稔、稀松平常，因此对它鲜有评论。更要命的是，政治习性使得我们将听到的任何负面评价归因于利益冲突；若非党派利益则是经济利益驱使，或者两者兼有。我们将之贬斥为居心叵测之人的偏见；而且，我们的政治体系必然尽一切所能来鼓励这种看法。

可观察到的第二点为，某些套话、某些修辞，阻拦我们认识到国家权力对社会权力的汲取已经演变到何种程度。警句和名词媚惑我们偏离对真正接受与认同的理念的辨析。我们习惯于某种诗意的冗长叙述，只要韵律完整连贯，至于是否符合真理和事实却毫不在意。当希特勒和墨索里尼用自己的方式重申黑格尔的国家哲学时，我们义愤填膺，庆幸自己免于负"独裁者专制统治的轭"。没有美国政治家敢采取这种直白形式冒犯我们

---

❶这里指 1932 年罗斯福在总统竞选中胜利。——译者注

冗长赘叙的传统。例如，我们想象如果罗斯福公开宣扬"国家拥有一切，国家之外无价值。权利是国家赋予的"，将会给公众的情感造成多大的冲击。然而，美国政治家只要不以某些特定修辞堂而皇之地表达这一立场，完全可以以识时务的方式做得比墨索里尼更彻底，且不会引起任何麻烦和疑问。假设罗斯福公开重申黑格尔的名言"唯有国家有权利，因为它是最强大的"以辩护自己的政体结构，恐难以想象我们的民众能不装聋作哑而消化之。然而，这一理念与我们公众实际默许的究竟相差有多大？答案是，微乎其微。

关键在于，在公共事务中理论与实际行为的关系这一问题上，美国人堪称人类史上最不具有追根究底精神的。他对行为的一般化和理性化十分反感，更愿意按照感觉行事。对事物的真正原理不感冒，只要能鹦鹉学舌地拽点套话就满足了；只要能听到中意的长篇累牍式表达，即使言行不一也无伤大雅。事实上，他丝毫都察觉不到任何不一致。

在 19 世纪早期众多从欧洲来视察美国的观察家中有一位极富才华与智慧，却因为某种原因被深深遗忘，尽管如此，在我们现在的境地中，他对我们的价值甚至大于托克维尔（de Tocqueville）、布莱斯（Bryce）、特罗洛普（Trollope）、夏多布里昂（Fran Chateaubriand）及其追随者们加起来的总和。此人就是极负盛名的圣西门主义者、政治经济学家米歇尔·谢瓦利尔

（Michel Chevalier）。❶ 谢瓦利尔观察到美国人具有"征程中的军队般的士气"——齐纳德（Chinard）教授在他堪称经典的对约翰·亚当斯的传记性研究著作中提到了这点。越玩味这句话，就越清楚地看到它对我们的政论家所称的"美国心理"概况的切中要害；精确地剖析了我们正在论述的美国人的这种特征。

征程中的军队没有哲学；它视自身为活在当下的存在。若非即时目标推动，它对行为不加以科学解释。正如丁尼生（Tennyson）❷ 所观察到的，这种倾向甚至得到明文倡导："重要的不是探究为什么"。情绪化行为备受推崇，恨不得多多益善；炫耀性的礼仪、旗帜、音乐、着装、装饰，以及对特定的同志情谊的精心培育构成了孵化此种行为的精妙的温床。然而，至于探究事物之理所需具备的，比如，柏拉图所说，"看到事物的本质"所需的能力与热望，征程中的军队仅仅具有相当于发育严重迟滞的青少年的思维水平，即，仍然顽固地、无可救药地、众所周知地幼稚。

历代美国人，正如马丁·朱泽尔维特（Martin Chuzzlewit）曾

---

❶詹姆斯·布莱斯（James Bryce, 1838—1922），英国史学家、政治家和外交家，著有《美利坚合众国》（*The American Commonwealth*）等。特罗洛普（Frances Milton Trollope, 1779—1863），英国女性小说家和作家，著有《美国人的风俗民情》（*Domestic Manners of the Americans*）等。夏多布里昂（Francois-Rene de Chateaubriand, 1768—1848），法国浪漫主义文学家、政治家，著有《美国与意大利游记》（*Travels in America and Italy*）。米歇尔·谢瓦利尔（Michel Chevalier, 1806—1879），法国工程师、经济学家和政治家。——译者注
❷丁尼生（Alfred Tennyson, 1809—1892），维多利亚时期的代表诗人。——译者注

记录的，竟将这种幼稚树立为其特有的美德，他们引以为傲，以之为上帝选民所独有，证明其因神助而缔造的辉煌与荣耀将永不衰落。杰斐逊·布里克（Mr. Jefferson Brick）、屈克将军（General Choke）以及尊敬的伊利亚·波格兰（the Honourable Elijah Pogram）这三个人物形象❶极其成功地向美国民众灌输了哲学完全没必要，对事物原理的沉迷是阴柔而不成事的。一个妒意中生、生性放荡的法国人可能欣赏征程中的军队的士气，然而毋庸置疑，正是它成就了我们这片土地、这番作为。看看我们征服的这片大陆，看看其上工业和商业的扩展，欣欣向荣的铁路、报业、金融公司、中小学、大学，你还希求什么？没有什么哲学指导我们也做成了这一切，不关注事物的原理我们也实现了这无与伦比的辉煌，难道这不证明所谓的哲学和事物的原理都只是水月镜花，不值得一个实干的民族费心吗？征程中的军队的士气足够了，我们因之自豪。

现在这一代人并不如此振振有词。他们似乎并不那么公开鄙视哲学了，如果还有那么点的话；甚至流露出苗头，认为在我们现在的境地中，是有必要审视事物的原理的，特别在关于主权与治权的理论上，这种新兴的兴趣正逐渐增长。各国公共事态的演变，特别是美国国内的，令得民众不仅开始审视当下的政治实践、

---

❶这三者皆为狄更斯小说《马丁·朱泽尔维特》（*Martin Chuzzlewit*）（国内目前有1998年上海译文出版社出版的中文译本，书名译为"马丁·瞿述伟"）当中的人物。——译者注

代表他们的政治家的德行与素质，或者各种治理模式之间的相对优劣等问题，还开始关注这些形形色色的具体治理模式所不离其宗的根本制度本身。这表明事情的本质并不能从对种的探究中得到，而需要对属的研究；并不能从区别共和制、专制、宪制的、集体主义的、极权主义的、希特勒式、布尔什维克式等各色国家形态的特征中发掘，本质寓于国家制度本身。

5

曾经错过的反思

要对一个从祖辈至今都生于斯的制度的实质进行反思十分困难。人们习惯它如同习惯于空气一般；对它的适应简直是条件反射。人们很少思考空气，直到某种令人舒适或者不适的变化发生；而考虑它的方式也值得玩味，他们只会想更清洁、更清爽或者更厚重的空气，却非空气本身。人们对种种人类制度的思考方式也如此。我们知道它们存在，并通过种种方式影响着我们，但是，我们不追问，它们是如何产生的，最初被建立的目的何在，或者实际所起的主要功能是什么；而当它们严重损坏我们的利益以至于不得不反抗时，我们考虑的绝不超出对同种制度进行修正或者换成该种制度的别样版本。因此，殖民时期的美国，因为曾遭受君主国家的压迫，就建立了共和制国家；德国放弃了共和制而代之以希特勒式的国家；俄国以集体主义国家取代独裁政体；意大利以立宪国家置换了"极权主义"的政体。

有趣的是，可以看到，1935年普通个体对国家这一现象的麻木态度与1500年那时候的人对教会现象的态度如出一辙。那时国家制度还很孱弱，相反，教会制度却十分强大。当时个体如其先辈数代以来所经历的，出生后便归于教会；类似的，今天的个体出生后正式地、明文记载地归于国家。他的祖辈曾纳税供养教会；现在，他纳税供养国家。他曾被要求接受教会的官方教导与教义，遵守其纪律，大体上遵行其指令；而现在，加诸他的是国家的规条。过去，如果他冥顽不灵，教会就会好好规训他；而现在，规训他的是国家。尽管如此，作为教会会众的个体和今天作为国家公民的个体，都从未曾追问要求他们效忠的这套制度究竟是什么。制度就是制度。他接受制度对自身的粉饰，接受它的存在，认同它的评价。即使50年之后他反抗，不过是以一种教会形式取代了另一种，以加尔文宗（Calvinist）、路德宗（Lutheran）、茨温利派（Zuinglian）或者其他什么宗派取代了罗马教宗；同样，现在，国家公民以一种国家形态替代另一种。从前，他不曾审视教会制度本身；今天，他也从未检视国家制度本身。

我写作的目的就是质疑我们正处处目睹的社会权力的枯竭现象，是否真的并未显示我们需要更多关注正在迅速吸干社会权力的国家这一制度的本质的重要性。[10]我的一位朋友最近告诉我，如果公用设施公司不修好他们的路，国家会接管其业务，亲自经营。他说的时候表达出一种奇怪的虔诚且笃定的腔调，我想，这正是 15 世纪末会众谈到教会将采取干预行为时的调调。因此，我怀疑，相比于其先辈对教会，他对国家是否真地拥有依据更翔实、分析更精微的理论。坦白说，我确定他没有。他的所谓见解仅仅是对国家自述的概念与标准囫囵吞枣而已；他的盲从精确地展示了国家普通公民在这一问题上的智识程度。

据我看来，如果社会权力以如此速度枯萎，国家公民必须仔细审视造成这种结局的国家制度的本质了。他必须问自己，是否具有关于国家的理论，如果有，历史事实是否支持该种理论。他将发现这个任务并不能一蹴而就，却需要大量的观察、对反思力艰苦卓绝的操练。首先，他必须追问，国家是如何发源的，为什么发源？它一定有其发生机制，必然图谋某种目的。这一个问题貌似很容易回答，他却会发现绝非如此。进而，他必须追问，历史揭示国家的首要功能是什么？此时，他会发现无论"国家"与"政府"两个范畴是否真的完全同义，反正自己以前常常混同使用，然而，它们真的等同吗？是否有某种恒定的特质可供区分政府和国家两种制度？最后，他必须以历史事实为依据证明，国家究竟应该被视为本质上社会性的还是反社会的制度？

毋庸置疑，若 1500 年的信众能如此慎重地思考关于教会制度的根本问题，其处身的文明进程也许能更为顺畅；如今的国家公民应该从其前车之鉴中受到启迪。

Ⅱ　关于国家的一般理论

1

政府与"政府"

回溯文明的历程，能发现存在两种根本不同的政治组织。它们的不同不是量上的，而是质上的。这种区分并不是为了将两种组织分出相对原始与文明的高低等级；虽然它们常常被如此误解，却谬之千里。同样，两种组织也不能被分类为同一属的不同种，都划归为政府这一属之下。这是直到最近的通常做法，而且造成了严重的混淆和误会。

托马斯·潘恩（Thomas Paine）很好地印证了这种错误及其影响。在其名为《常识》（*Common Sense*）的小册子的开头，潘恩区分了社会与政府。他指出，任何形态的社会都是良性的，然而，"政府，其最好的形态都仅仅是必要的恶而已；其最差的形态则令人无可容忍"。在另一处，他称政府为"因人无法用道德治理世界而生的一种必要的手段"。然后，他分析了政府是如何以及为何发源的。他认为，政府起源于社会的共识和共同协议之上，"政府的目的与机理"，他说，是"自由与安全"。目的论的解释路径认为，政府实现社会的共同需求，首先是自由，其次是安全。除此之外它不作为，它不对个体采取任何积极的干预，而仅仅是消极性的保护。由此可见，潘恩眼中的政府法典应该如小说中包索尔王（King Pausole）所做的那样，仅仅为其臣民制定两条法律：第一条，不要伤害人；第二条，行己所欲。政府的全部职能仅仅是消极地守护这一法典得到遵循。

至此，潘恩的理论貌似简洁而可靠。然而，他在接下来对英国政治系统的抨击却显得逻辑不融贯。当然，对此不必苛责，因为，他写作的是小册子，这种文本需要通过抛出哗众取宠的论点来迎合民心，而且众所周知他在这点上做得很成功。然而这掩盖不了，当他评论英国政治体系时，所谈论的政治组织与其曾描述的政府根本不同，在起源、目的、主要功能以及所反映的利益结构上都不同。这个政治组织不起源于社会的共识和协议，而是起源于征服与征用。[11]它的目的远非实现"自由与安全"，其图谋绝不在此。它图谋的主要是一个阶级对另一个阶级持续性的经济掠夺，它对自由与安全的致力必须服从于这一首要目的；事实上，它很少为这两点努力。它的首要功能和实践并非潘恩所说的对个人纯粹消极性的干预，而是无数的、孜孜不倦的积极干预，都是为了确保社会分化为一个有产的、剥夺性的阶级与一个无产的、经济依赖性的阶级。它所反映的利益结构并非社会性的，而是彻底反社会的；其权力行使者，参照普通伦理标准，甚至仅以适用于任何个人的法律标准来衡量，都与职业化犯罪集团无异。

显然，我们需要分析两种不同的政治组织；同样明显的，仅分析他们的起源，就不可能得出其中一个仅仅是另一个的变态的结论。因此，如果我们以"政府"这样的一般概念来统摄这两种类型时，就会面临逻辑上的困难；这是该主题的大多数论述者多多少少有所觉察的困难，然而，在最近50年之内，没人设法解决它。

比如，杰斐逊先生曾谈到，他早期曾与印第安游猎部落有大量交往，发现他们拥有高度组织化的、优良的社会秩序，但是却"没有政府"。论及此，他曾向麦迪逊写道："这种状态竟然不是最佳的？我质疑这个问题。"但是，他怀疑，这种状态"不适用于大型人口社会"。斯库克拉夫特（Schoolcraft）观察到，齐佩瓦族（Chippewas）没有"常任"政府，却拥有高度组织化的社会秩序。斯宾塞在谈到贝川那族（Bechuanas）、阿劳坎族（Araucanians）、霍屯督族（Koranna Hottentots）时曾说，他们没有"确定"的政府。帕克曼（Parkman）在其著作《庞蒂亚克的阴谋》（*The Conspiracy of Pontiac*）的序言中提到了同样的现象，而且明确表示了对这一明显的反常现象感到的迷惑。❶

---

❶斯库克拉夫特（Henry Rowe Schoolcraft，1793—1864），美国地理学家和民族学家，因其对美洲土著文化的研究而著名。帕克曼（Francis Parkman，1823—1893），美国历史学家。——译者注

潘恩的政府理论与杰斐逊在《独立宣言》中提出的可谓异曲同工。《宣言》中明确宣称的自然权利原则暗含在《常识》里，[12]潘恩认为的"政府的机理与目标"与《宣言》如出一辙，也即，"为了保障这些权利，人类才在他们中间建立政府"；而且，潘恩也认为政府"起源于被统治者同意授予的正当权力"。现在，我们无论是采用潘恩的还是《宣言》的理论，都充分显示弗吉尼亚的印第安人是有政府的；依据杰斐逊自己的观察他们拥有政府。他们的政治组织，虽然简单，却切中目的。他们的隐微权力装置足够保障个体的自由与安全，充分地应对在那个社会形态中个体可能遭遇的任何违法行为，如欺诈、偷窃、攻击、通奸和谋杀。帕克曼、斯库克拉夫特和斯宾塞所提到的各部族也是如此。可以确定地说，如果《宣言》言之有物，则这些部族当然拥有政府；而且这些作家都表明，其政府完全胜任其目的。

因此，当杰斐逊说他认识的印第安人"没有政府"时，应该指的是他们不拥有一个他所认为的那种政府；当斯库克拉夫特和斯宾塞说"常任的"和"确定的"政府时，这两个定语也应该这样理解。然而，这种"政府"存在且将一直存在，完美地实现了潘恩和《宣言》宣称的政府；虽然我们中大多数人鲜有机会见到，但它们绝不应该被贬低为低等的制度形态，因为，制度的简单并不意味着落后或低劣；相反，得到充分证明的是，在某些本质性层面，这种政府形态下的人，反而更显示出其文明的程度。杰斐逊先生自己对这点的描述值得注意，还有帕克曼的记载。虽然

《宣言》以书面的形式辩护了这种政府形态，但是，它与一直占据历史主流、今天仍然主导世界的那种政府形态迥异，所以，为了廓清两种形态，必须对其不仅在名称上，而且在本质上加以区分。它们的原理相去甚远，因此，严格区分二者已成为文明为守护自身安全而须尽的最重要的责任。从而，称呼一种形式为"政府"，另一种为国家，既非武断，也非咬文嚼字。❶

2

国家的起源

亚里士多德因为混淆了国家与"政府"的概念，认为国家起源于家庭自然的集结。其他希腊哲学家们的研究也未摆脱此种混淆，某种意义上启发了卢梭从社会本质和个人本性中寻找国家的根源；而持相反立场的流派则认为个体本性上是反社会的，某种意义上开启了霍布斯所创造的作为抗衡个人反社会倾向的强制性设计的国家理论。另一种蕴含于亚当·斯密的学说中的理念认为，国家起源于一部分具有卓越的经济德行——勤奋、审慎和节俭——的个体之间的联合。理性主义的哲学家，采取不同形式将康

---

❶"government"在本书中具有两种含义：一种指与国家相区别的社会自治性机构；另一种是我们通常用的政府概念，指的是国家的权威机构。所以，书中"government"究竟指哪一种含义，需要从上下文中分析甄别。译者采用通用的政府一词，表示第二种含义，用带引号的政府一词表示第一种含义。——译者注

德的先验论运用于其中，得到了不同的结论；还有一两种其他理论，相对于前述学说不那么合理。

这些学说的根本问题并不在于他们是推断式的，而是在于他们对推断依据的观察不够全面。他们忽略了这一主题呈现的恒定的标志性特征，这种情况就如直到最近，关于疟疾起源的种种理论都忽视了其恒定的传播载体——蚊子，或者如关于黑死病的学说忽略了老鼠作为宿主这一不变的特征。将历史学的方法用于国家问题的研究仅仅始于半个世纪前。[13]此种方法通过回溯国家现象的历史，直至有文字记载的国家最初出现时的形态，观察其恒定的标志性特征，据之进行推理。早期作家中青睐这种方法的不在少数，最早可追溯到斯特拉波（Strabo），所以令人疑惑的是为什么历史学方法的系统运用被长久忽视了。❶ 但是在所有这些例子中，正如疟疾和伤寒症的研究所显示的，一旦确定了显著特征，人们就禁不住感叹为什么长久忽视它。也许在国家这一问题上，能给予的最合理的解释是，需要时代精神的相应演变，而那得假以时日。

历史鲜明地显示出，国家往往起源于征服与征用。历史上所知的最早的国家无不以此种方式起源。[14]反过来说，历史证实，源国家无疑从未有其他起源。[15]而且，国家唯一恒常的特质是一个阶级对另一个阶级的剥削。这个意义上，任何历史中的国家都

---

❶斯特拉波（Strabo），古希腊地理学家和哲学家。——译者注

是阶级国家。奥本海默曾参照其起源将国家定义为一种"征服集团强加给被征服集团的、为了征服集团系统地统治被征服集团、保护其自身免于内部的暴乱与外部的侵略的制度，此种征服的目的在且仅仅在于征服集团的经济掠夺"。

美国政治家约翰·杰伊（John Jay）完成了一项"伟大"的壮举，即，以一句话精炼概括了整个征服学说，他说"总体而言，不论能否从中获利，国家都会发动战争"。可观的经济积累或者大量的自然资源都是征服的动力。原始的手法是劫掠觊觎的财产，完全瓜分之，消灭其所有者或者驱逐他们使其再难染指。然而，很早，征服者们就观察到，一般而言，将财产所有者变为依附者、使用其劳动力创造财富才是获得更为丰厚利润的方式，因而，原始手法被改进。在某些特殊情况下，后一种手法不可行或者无利可图时，原始的手法常常死灰复燃，比如，西班牙人在南美的手法，或者我们对付印第安人的方式。但是，这种情况并不常见；改进后的手法从起初起一直在被使用，因而对它的启用往往标志着国家的起源。以兰克（Ranke）记载的希克索斯（Hyksos）这一以劫掠为生的游牧民族的手法为例，该民族于公元前 2000 年在埃及建立了他们的王朝。龚普洛维奇（Gumplowicz）评论道，兰克的观察精练地总结了人类的政治史。❶

---

❶龚普洛维奇（Ludwing Gumplowicz，1838—1909），奥地利法学家、社会学家。欧洲社会学学科的奠基人，社会达尔文主义的主要代表人物之一。利奥波德·冯·兰克（Leopold von Ranke，1795—1886），19 世纪德国最重要的历史学家，也是西方近代史学的重要奠基者之一，被誉为"近代史学之父"。——译者注

事实上，改进后的手法横行天下。"任何地方我们都会见到一群武装的暴徒侵略一群更为和平的人，征服他们后，建立国家，自己成为贵族。在美索不达米亚（Mesopotamia），侵略一波又一波，国家一个继一个，巴比伦人（Babylonians）、阿摩利人（Amoritans）、亚述人（Assyrians）、阿拉伯人（Arabs）、米堤亚人（Medes）、波斯人（Persians）、马其顿人（Macedonians）、帕提亚人（Parthians）、蒙古人（Mongols）、塞尔德沙克人（Seldshuks）、鞑靼人（Tatars）、突厥人（Turks）轮番上场；在尼罗河谷，希克索斯王朝（Hyksos）、努比亚人（Nubians）、波斯人、希腊人、罗马人、阿拉伯人、突厥人竞相出现；在希腊，多立克城邦（the Doric States）是典型案例；在意大利，罗马人、东哥特人（Ostrogoths）、伦巴第人（Lombards）、法兰克人（Franks）、德国人都曾称雄；在西班牙，迦太基人、西哥特人（Visigoths）、阿拉伯人相继登台；在高卢（Gual），罗马人、法兰克人、勃艮第人（Burgundians）、诺曼人（Normans）相继称雄；在英国，撒克逊人（Saxons）、诺曼人轮番登台。"无论何处，我们都会发现政治组织从相同的起源衍生，追求相同的目的，即，征服集团对被征服集团的经济掠夺。

这条定律适用于任何地方，仅有一种显著例外。何处经济剥夺因为某种原因不可行或者无利可图时，国家便不会产生；"政府"可能存在，但，国家绝不可能。比如，美国游猎部落（其政治组织令观察者困惑）就未曾形成国家，因为无法使猎人产生经济依赖，令他为人狩猎。[16]征服和剥夺当然可行，但是无利可图，因为剥夺能为征服者增添的财富很少；最大获利不过某种形式的封地扩张而已。因为类似的原因早期的农民从未形成国家。邻人的经济收益太过微少也易腐败，挑不起他们的兴趣；[17]尤其四周未被占用的土地应有尽有，对邻人的奴役也不可行，除非牵涉治安问题。[18]

至此，潘恩和《独立宣言》领会到的、称为"政府"的制度与称为国家的制度间差别何等之大已经显而易见了。"政府"的起源可以合理推断为与潘恩或亚里士多德、霍布斯、卢梭等认为的一致；然而，国家却不仅从未、也绝不可能如此起源。"政府"的本质与目的，正如帕克曼、斯库克拉夫特和斯宾塞证明的，是社会性的。基于自然权利理念，"政府"通过严格的消极性干预保障个人的自然权利，令正义可以轻松而简单地实现；此外再不作为。然而国家的起源和首要宗旨，完全是反社会的。它的基础并不是自然权利理念，而是奠基于个人除国家有条件赐予的一切外再无权利的理念。国家往往令获取正义的代价高昂，难于实现，而且，它自身只要能有利可图就会凌驾于正义与普遍的道德观念之上。[19]所以，与培育社会权力健康发展相反，国家，正如麦迪逊所说，始终会化任何权变为汲取社会权力填己之欲壑的机会。[20]正如西格蒙德·弗洛伊德（Sigmund Freud）看到的，甚至不能说国家显示了任何制止犯罪的意图，它仅仅是护卫自己对犯罪的垄断权而已。比如，在德国和俄国，我们可以看到，其国家一方面敏捷地抵制私人对其垄断权的入侵，与此同时，极其残忍地实施此种垄断。无论何处的国家，无论从哪个角度观察国家任何阶段的历史，人们都无法找到其创立者、管理者与受益者的行为与职业犯罪集团有任何区别。

3
国家的本质

以上就是国家这一制度的身世，现在它正在四处大张旗鼓地将社会权力转化为国家权力。[21]回顾其身世对解释现代国家呈现的大部分（若非全部）明显扭曲的行为大有裨益。例如，它可以帮助解释这一公开的、臭名昭著的现象，国家在为任何增益社会的目标努力时往往进展缓慢且十分勉强，但若是为增益自身的目标行动却迅速且富有效率；它致力于社会目标，也从不是因为主动性，而是因为巨大的压力，相对地，在谋求反社会的目标时却精进有为。

19世纪的英国人怀着可理解的焦虑指出了上述现象，当他们目睹自己的国家将社会权力迅速吸干时。其中一位就是赫伯特·斯宾塞，他发表了一系列文章，后来集结成集，命名为《人与国家之争》（*The Man versus the State*）。以美国现在的公共事务的状况，不得不惊讶，美国竟然没有任何政论家能，哪怕仅仅以美国历史上的案例替换斯宾塞从英国历史中选取的来效颦此书。若能如此，必将会写成现时代所能达到的最中肯、最有用的著作之一。[22]

这些文章从多个角度审视了英国现阶段国家权力的扩张。在一篇名为《过度立法》（Over‑legislation）的论文中，斯宾塞评析了在我们的经验中司空见惯的事实，[23] 即，当国家权力致力于社会目标时，行动天然"缓慢、愚钝、华而不实、不灵活、腐败，还败事有余"。他对所列举的国家权力的每条罪状都用了数段加以分析，构成一个完备的证据链。分析完结处，一锤定音，无可辩驳。他进一步指出，国家甚至不能有效地完成对社会负有的所谓的"无可推诿的责任"，因为它不能有效裁决和维护个人的基本权利。鉴于这样的事实（对于我们也是屡见不鲜），斯宾塞不觉得有理由期望国家权力能更有效地致力于进一步的社会目标。"简而言之，若我们证实了它能有效地裁决和护卫权利，而非总发现它奸诈、残酷，令人唯恐避之不及，才能希望从它手中得点其他利益。"

然而，他评论道，社会沉溺于这一匪夷所思的荒唐希望中不可自拔，即使每天都证明这希望多么虚妄。他指出这样的悖论司空见惯于报端。斯宾塞信手拈来一个例子：你可能经常看到这样的社论，"曝光国家部门的腐败、玩忽职守或失职"。目光挪到下一栏，却完全可能看到作者建议国家加强监督。[24]……因此，国家日复一日累积失败的记录，人们却每日重新升腾起这一信念：只要提出议案或者设立官员来管理，就一定能达成任何目的。[25]再没有比这更说明人类信念的顽固了。

无须赘言，斯宾塞对国家的反社会行为的分析是十分有力的，但是我们现在看看，历史学方法带来的发现能怎样为之如虎添翼；斯宾塞写作时还未用到这一方法。审视这些发现，很明显，斯宾塞所揭露的行为是由来已久的。当18世纪定居城镇的商人阶级取代了持有土地的贵族阶级掌控国家机器时，并未改变国家的本质；他们只是将国家机器调整得适合他们的特殊利益，并且无限地加强它。[26]商业国家仍然是反社会的制度，赤裸裸的阶级国家，与贵族统治的国家无异；它的目标与功能未变，仅仅是根据其所服务的新利益结构适当调整而已。因此，它公然罔顾社会目标的行径（正如斯宾塞控告它的），仅仅是据本能行事而已。

斯宾塞并未进一步阐述所谓国家行为中"人类顽梗的信念"，而是止步于对基佐（Guizot）的格言的点评，比如"对政治机器的治权的信念"不过是个"庸俗的幻想"。❶而这一信念主要是源于国家在这百来年，或者更直接说是在"君权神授"（jure divino）论衰落后殷勤地为自己树立的光辉形象。我们在此无须全面分析国家树立此形象的各种手法，因为，其中大部分手法及其实施方式我们都熟稔于心。然而，有一种是共和国特有的手法。共和主义引导公民个体相信国家是他自己的产物，国家的行为就是他的

---

❶基佐（François Pierre Guillaume Guizot，1787—1874），法国政治家和历史学家，曾任法国首相。——译者注

行为，国家的意志就是他意志的表达，国家荣即他荣。共和国无所不用其极地灌输这种信念，因为发现这是提升权威的最有效的手法。林肯的名言"民有、民治、民享"恐怕是共和国形象营销中最得力的案例。

所以，个体的自我价值感驱使他强烈厌恶任何称国家天然反社会的观点。他以父母般的胸怀对待国家的失败与过失，对自家"孩子"适用特殊的伦理标准。更有甚者，他常常期待国家从错误中吸取教训、不断改善。即使承认国家实践社会目标的方式粗笨、浪费甚至不道德，即使正如斯宾塞所列举的官员承认的，国家所在之处必有邪恶，个体仍然相信：随着经验和责任感的增加，国家竟不会改进。

其实，这样的观念与集体主义的基本假定异曲同工：让国家征用所有社会权力吧，那样，它的利益将与社会的利益变得一致。即使国家根子上是反社会的，它在历史中展现出始终如一的反社会本质，还是让它耗竭社会的权力吧，它的本性会改变的；它会与社会融为一体的，将成为社会有效的、无私的组织。总而言之，历史性的国家将消亡，仅存"政府"。多诱人的学说！然而，将之付诸实践的冲动几年前造就了"俄国实验"，这场"实验"令那些完全被国家所俘获的"高贵的灵魂"着迷。然而，仔细审视国家的行为就能证明这魅惑的学说在基础经济学的铁律面前不堪一击，这条铁律说，人总是追求以最小成本满足自己的需求。接下来我们对此加以仔细分析。

4

国家的功能

人满足自己需求有且只有两种方法或者手段。一种是财富的生产与交换，即，经济的手段。[27]还有一种则是无回报地征用他人劳动创造的财富的方式，即，政治的手段。政治上早期习用我们所知的征服、剥夺、征用以及建立奴隶经济的方式。征服者将征服的土地分配给受益者，这些人就通过剥削被奴役的居民的劳动来满足自己的需求。[28]任何封建国家和商业国家，都成功地继承与发展了原初国家传承下来的剥削的本质、目的与手法；它们实质上是对原初国家的扬弃。

所以，国家，无论是原初的、封建的还是商业的，只不过是运用政治手段的组织。既然人从来都趋向于以最小成本满足自身需求，他当然会尽所能采取政治手段，甚至以之为唯一手段，如果可能的话；实在不行，再辅之以经济手段。现阶段，他会求助于国家的现代剥削手法，即关税、特许权、租金垄断等。因此，只要可以采用政治手段，即，只要存在权力高度集中的、官僚制的国家作为经济利益的分配者、剥削的主导者，人青睐政治手段的本能便会展露。集体主义国家将重蹈商业国家的覆辙，不过只是改变剥削的具体形式而已，所谓集体主义的国家将会在本质上与此前的国家完全不一样的假设毫无历史根据；[29] 正如我们已经开始看到的，"俄国实验"实质上在前一个国家的废墟之上建成了一个权力高度集中的、官僚化的国家，完整地接手了整套国家机器为其所用。因此，参照以上提到的基础经济学原理，期望集体主义根本改变国家的实质完全是个幻想。

因而，历史学方法所形成的发现充分支持了斯宾塞提出的为了防止国家侵害社会权力的许多实用策略。当斯宾塞断言"国家机构中腐败难以避免"时，历史学充分揭示为什么这种趋势难以避免，即，宿命如何注定（vilescit origine tali）❶。弗洛伊德曾评论国家伦理与个体伦理之间的巨大差异，他对这一点的观察非常深刻透彻，运用历史学方法能完善解释此种差异为何并不意外。[30] 当奥特加·伊·加塞特说"国家主义不过是暴力与抢夺被树立为标准时采取的高级形态而已"时，历史学方法令我们洞察到，他的定义是必然成立的。

此外，历史学方法确立了这一重要的事实，即，正如脊髓痨症或寄生虫病一般，国家吸干社会权力的疾病演变到一定程度则再也无法控制。历史上还未有案例显示，一旦突破这个程度，社会权力的耗竭不会以其完全和永久的崩塌告终。在部分案例中，崩塌的过程缓慢且痛苦。罗马在 2 世纪末就已经显示出灭亡的征兆，却苟延残喘到安东尼之后。相反，雅典则迅速消亡。有些专

---

❶英文可做"It is damned by such an origin"。——译者注

家认为欧洲即使未达到，也已经濒临此临界点。但是，当下这些猜想并无多少助益。也许美国已经达到了此临界点，也许没有，这无从确定，因为两者都听上去言之凿凿。然而，我们可以确定两条：第一，美国向此临界点演变的速率在惊人地提升；第二，美国人没有表现出任何想要阻止这种趋势的意愿，甚至学术界对这种加速度演化预示的危险没有智识上的警醒。

Ⅲ　美国的国家制度起源

1

源出多门的制度经验

在研究美国国家制度的演变时，特别需要注意一个事实：美国在殖民地时期的国家经验甚至长于独立之后的，1607—1776年远长于 1776—1935 年。而且，因为在来美洲之前已经在英格兰和欧洲积累了丰富的国家经验，移民登陆时羽翼已丰。所以，为了比较，本书将把美国的国家史回溯一段时间，至少 15 年。完全可以说在美国创立之前，美洲移民已经具有 25 年的国家经验。

他们的经验不仅早于美国建国，而且更为多元化。英国的、法国的、荷兰的、瑞典的、西班牙的国家制度曾经都在这片土地上演。登陆普利茅斯的英国分离派清教徒（the Separatist English dissenters）曾经历了荷兰和英国两个版本。当詹姆斯一世统治下的英格兰已经无他们容身之地时，他们来到了荷兰；他们后来在新英格兰建立的许多制度，融入我们称的"美国制度"之中，实际产地是荷兰，虽然我们常常，甚至可以说总是将之归诸英国。这些制度从源头上说主要是属于罗马大陆法系，经由荷兰，而非英国传入美国。[31] 当时英国并不存在这样的制度，所以，普利茅斯的移民不可能在英国见过，他们只可能在荷兰经历过，那里确实存在过这样的制度。❶

我们的殖民地时期正值英国国内革命与转型时期，前一章我曾提到，当时英国正经历商业国家取代封建国家、巩固其地位及改变经济剥削形式的历史阶段。这些革命举措引发了对为封建国家机器辩护的理论的广泛讨论。早期斯图亚特王朝依靠君权神授理论统治。国家的经济受益阶级仅仅效忠君主，而君主理论上仅仅效忠于上帝；他原则上对社会并不负有义务，除非主动承担，

---

❶普利茅斯的英国分离派清教徒为英国清教徒的一支，分离派对改革英国教会的任务已经绝望，因此决定脱离英国教会，因而称为分离派（Separatists）。位于伦敦以北150英里的斯克鲁比的公理派信徒被迫于1608年迁居荷兰的莱顿（Leiden），其领袖是牛津大学出身的约翰·鲁滨逊。但是，他们中的一部分人在莱顿始终没有归属感，所以，决定移居北美。1620年，他们从弗吉尼亚公司获得在特拉华湾北部定居的特许状，并且成功向伦敦金融商理事会申请筹集资金后正式启航，从莱顿出发，先回到英国的旧普利茅斯与来自伦敦与南安普顿的移民会合，组成了一只104人的移民队，乘坐"五月花"号前往北美。历经艰难，没有到达本来想去的弗吉尼亚，受天气所迫返航到达科德角，然后前往普利茅斯湾寻找合适的定居点。所以，这部分教徒又被称为天路客（Pilgrims）。因认为在教会行政体制上，每间教会都是独立自主的，没有任何教会可以干涉其他教会，所以，又被称为公理派（Congregationalists）或独立派（Independentists）。——译者注

而这样做仅仅是为了他能长治久安。1607 年，即，弗吉尼亚的殖民队在詹姆斯敦（Jamestown）登陆的那年，剑桥大学民法专业的钦定讲座教授约翰·考维（John Cowell）提出了如下理念：君主"因其绝对权力凌驾于法律之上，虽然为了制定法律的过程更为健全与平等，他允准第三等级进入议会，然而，这在各色有教养的人看来不是出于对君权的限制，而是出于君主的仁慈，或者是为兑现他加冕时的誓言"。

这种理念在罗伯特·菲尔默（Robert Filmer）爵士的负有盛名的著作《父权制》（Patriarcha）中得到最详尽的阐述，若社会等级明确、森严、易于划分，它足够应付需要了。封建国家的经济受益阶级实质上是一个封闭的小团体，一个由教士阶层、拥有世袭头衔的贵族、大土地所有者组成的紧凑的小团体。这个团体在利益上相当同质，他们为数不多的利益简单、易于界定。如果社会结构是君主、教士、一小撮封闭的贵族居于上层，统治着一群身份无分别的民众，这样的主权学说够用了，它能有效满足封建国家的需要。

但是，这一学说没有也无法满足快速增长的商业和金融业阶级的需要。他们希图建立新的经济体系。在封建体制下，生产通常是为了使用，剥削主要压在农民身上。国家虽然并非从不插手商业，但是，它从未认为自身存在的首要目的是如我们所言"服务经济"。然而，商业和金融业阶级建立国家却是为此目的。他们看到了通过生产获利的诱人可能性，及将剥削逐步转移到工业无产阶级身上的可行性。然而，他们也看到，要挖掘这些潜能，必须使国家机器有效和有力地为商业效力，正如它曾为君主、教会和大土地所有者效力那样。这自然意味着掌握国家机器，改变和调整它，才能赋予他们以如被推翻的受益阶级曾享有的自由运用政治手段的权力。英国实现这一目标的进程经历了内战、废除和处决查理一世、清教护国时期和 1688 年光荣革命几个标志性阶段。❶

　　这是被称为英国"清教运动"的真正本质。它有着准宗教的动机，严格说来，是教会的而非宗教的动机，但主要的实际目的却是实现行使政治手段的权力的重新分配。虽鲜为提及但十分重要的一点是，清教试图向英国文明覆盖的基督化与非基督化世界同等传扬的唯一信条是工作的信条，宣扬根据上帝明确的诫命，工作是人的义务；事实上，几乎是（如果不完全是的话）人生在世第一位的和最重要的义务。将劳动提升到基督教伦理的高度，为工作披上特定宗教外衣，是清教的发明；在清教国家兴起之前此种工作伦理英国闻所未闻。此前关于劳动的理念是仅仅以之为

---

❶护国时期，即克伦威尔作为护国主统治时期。代表清教徒势力的克伦威尔及其军队于 1653 年驱散议会后，召开了一个新议会，该议会通过了《政府约法》，任命克伦威尔为护国主，负责行政事务，英国结束共和制，从此进入护国公制时期。但是这个议会后来也由克伦威尔解散，他从此开始军事统治，虽然期间他也主导组织过新的议会，但是由于两院争吵也被解散，直到他 1658 年 9 月去世。（钱乘旦、许洁明：《全球通史系列之英国通史》，上海：上海社会科学出版社，2002：166—168。）——译者注

实现纯粹俗世目的的手段；克兰麦（Cranmer）❶ 的圣谕这样说道："我勤勉地学习和工作以得生存。"没有迹象显示，如果某人更愿花时间干别的，而非工作，且甘于贫穷，上帝会判为过失。也许对英国与美国的清教运动的本质最佳的证明莫过于其工作的信条在各色文献中的风靡程度，从克伦威尔的信件到卡莱尔（Carlyle）的颂词和朗费罗（Longfellow）的诗篇。❷

但是，清教徒的商业国家与其他形态的国家无异，它也传承了标准模式。像它所取代的封建国家一般，也起源于征服与征用；区别仅仅在它征服的方式是通过内战而非对外战争。它的目标也是一个阶级对另一个阶级的经济剥削，仅仅以企业主对工人阶级的剥削取代了贵族对封建农奴的剥削。如之前的国家一般，商业国家纯粹是一个运用政治手段的组织，一架分配经济利益的机器，但是其机能适应一个人数更多、分化度更高的既得利益阶级的诉求。这个阶级的成员并不限于通过世袭或君主随兴册封获得爵位的人群。

---

❶托马斯·克兰麦（Thomas Cranmer，1489—1556），第 69 任坎特伯雷大主教，在亨利八世和爱德华六世两位英王执政期间深受重用，特别是后者在位时，克兰麦领导宗教改革。他是圣公会的代表及重要的宗教改革家。然而玛丽一世将其革职，并且于 1556 年在牛津对其处以火刑。他在神学立场上属于路德宗。坎特伯雷大主教（Archbishop of Canterbury），继承了圣奥古斯丁的使徒系统，为全英格兰主教长（The Primate of All England）。他是英格兰圣公会的领袖，坎特伯里教省的都主教，也是坎特伯里教区的教区主教，也是普世圣公宗的精神领袖。坎特伯雷大主教的两个主教座位坐落于英国肯特郡的坎特伯雷座堂。——译者注
❷朗费罗（Henry W. Longfellow，1807—1882），19 世纪美国著名的浪漫主义诗人，代表作品有《夜吟》《奴役篇》《海华沙之歌》等。——译者注

然而，商业国家的建立过程必然带来主权理论的变化。科威尔与菲尔默的粗糙的理论不再可行了。新的理论必须包含某种神授的因素，因为人的思维习性并不能突然改变，所以清教融合宗教与世俗利益的理论恰如其分。人们也许不认为商人企业主的这种方式是利用宗教狂热火中取栗，因为这些虔诚的信徒有自己的成熟且系统的利益要维护。他们需要应付许多狂热的胡说八道、令人厌恶的伪善及罪恶的狂热行径。每当说到17世纪英国清教，我们就会想起休·彼得斯（Hugh Peters）❶、"赞美上帝者"拜耳朋（Praise – God Barebones）❷，以及克伦威尔主张破除偶像的名言"打碎玻璃里全能的大天使们"。但是，这些离经叛道包藏着信徒清醒的良知，其义愤有理有据；毫无疑问，虽然掺杂了某种对赤裸裸的贪欲的狂热追求，然而，商人企业主们也真诚相信有

---

❶休·彼得斯（Hugh Peters），为克伦威尔的私人牧师。——译者注
❷1653年4月，克伦威尔驱散会议之后，军队新开了一个议会，但这个议会只维持了半年也被解散。议会中的激进派提出了一系列的社会改革措施，遭到保守派反对，这促使军队决定自己掌权，这就是委任克伦威尔为护国主的前奏。这届议会因来自伦敦城的议员"赞美上帝者"拜耳朋（Praise – God Barebones）被称为"拜耳朋议会"。（参见钱乘旦、许洁明：《英国通史》，上海：上海社会科学出版社，2002：167）——译者注

益于商业的必有益于社会。以众议员汉普敦（Hampden）❶ 的正义感为例，有人会说，他是基于本能对跋扈的白金汉公爵（Buckinghamshire squire）反抗；因为，商人的道德水准和公爵一样狭隘，一样强硬、顽固，刚愎地护卫自己的利益。然而，宗教良知与商人良知的融合，终究不能说毫无可取之处。例如，毫无疑问，汉普敦一方面冷静看待作为国家傀儡的主教，认为他在教义上偏离《圣经》，在行为上沦为反基督的工具；与此同时，从商人的良知看，特别以威廉·劳德（William Laud）为典型，作为国家的棋子的主教从除以上特殊利益外的其他因素来考量也显得令人厌恶。

商业国家的政治哲学必须应对增长的个人主义所带来的压力。个人主义精神出现于 16 世纪后半叶；由于其起源难以确定，只能推断为大陆文艺复兴的副产品，或者也许可以精确到作为德国宗教改革的副产品，至于最终重要到被纳入政治哲学中则经历了很长一段时间。封建国家无法容纳这种精神；它僵化的等级体制只能承受经济利益分化并不剧烈、社会权力整体上稳定的结构。在

---

❶查理一世关闭议会 11 年（1629—1640）后，于 1640 年被迫重开议会，此届议会被称为长期国会，因为它的会期一直到 1653 年方告结束。期间，在议员们的强烈要求下，迫害清教徒的坎特伯雷大主教劳德（Laud）被处死。接着，汉普敦和皮姆（Pym）两位议员提议所有国王任命的大臣必须得到国会的同意。此外，国王应该召集神学家集会考虑采取清教徒的宗教仪式。但是，该议案因为太过极端而只赢得极少数议员的赞成。查理一世燃起希望准备绝地反击，他出席国会要求逮捕汉普敦、皮姆等议员，但是引起了伦敦中产阶级的反抗，从而拉开了清教徒革命序幕。——译者注

英国封建国家中，大土地所有者们的利益类似，主教们的利益也相同。君主与议会的利益相差不大，社会权力在各个历史阶段的变化不大。于此，经济上的阶级稳定性很容易维持，从一个阶级流入另一个阶级的途径很容易被阻断，所以，少量积极的国家干预就能保证个体各就其位。正如克兰麦圣谕所说的，让个体安于履行上帝呼召他们处在的人生位置所必需的义务。如此，国家即使一直很弱，也能完成其基本使命。它往往可以使用相对小规模的立法机构和人事机构实现全方位的经济剥削。[32]

然而，商业国家代之以契约体制，必须面对社会权力的迅猛增长和经济利益的迅速分化所带来的种种问题。这两种倾向都助长和刺激了个人主义精神的兴起。把控社会权力令商人企业主觉得自己很重要，觉得他所代表的利益结构，尤其是自己所拥有的那部分利益，最值得尊敬，现实却并非如此。简而言之，他作为个体的意识已经完全觉醒，而且有以上因素支撑，他无疑可以果断主张个人权利。贵族鄙视他们的追求，由此给他们贴上耻辱性的标签，长期讥其为"可鄙的、无思想的"，这点加剧了他们的被鄙视感。这个标签说得好听点是武断，说得难听点，是同时夸大了这个阶级的缺点与优点，将他们统一归入一堆社会德性新标签下：冷酷、无情、无知、粗鄙，同时商业上诚信、精明、勤奋、节俭。因此，这一由商人、企业主、金融家复合且已成形的阶级的心理特性，可以说呈现为以彩瑞博兄弟（the brothers Cheeryble）为一端，葛莱恩先生（Mr. Gradgrind）和

格基乌斯·米达斯（Sir Gorgius Midas）、波特斯先生（Mr. Bottles）为另一端的连续谱。❶

　　此种个人主义促使部分以某种方式形塑了商业国家官方政治哲学的理念的形成。其中最重要的为《独立宣言》（*the Declaration of Independence*）确立的两条根本原则：自然权利的原则与人民主权的原则。对于已经以经书权威，或者毋宁说，以对经书的绝对私人性阐释取代了教皇权威的一代人而言，并不难为这两条基本原则找到充分的经书根据。《圣经》的阐释，就如宪法的司法解释一般，引用一位生活于布特勒主教（Bishop Butler）时代的人的话，可以随心所欲地解释；缺乏统一权威之后，无论教皇的、宗教会议的还是司法的，任何解释都只能寻求自愿的认同（不论出于何种原因认同）。因此，伊甸园神话、按才受托的寓言、关于不可"懒惰"的诫命等都被用以支撑清教关于工作的教条；他们将

---

❶ 这几位都是具有代表性的文学形象。彩瑞博兄弟是狄更斯名著《少爷返乡》（*The Life and Adventures of Nicholas Nickleby*）中的人物。葛莱恩先生则为狄更斯另一名著《艰难时世》中的人物。葛莱恩信奉事实哲学，注重实利而且不讲情义，自命不凡，以功利主义作为生活原则。格基乌斯·米达斯是俄国无政府主义者彼得·克里泡特金（Peter Kropotkin）的作品《面包掠夺》（*The Conquest of Bread*）中谈到的人物，地主阶级的代表。波特斯先生为英国诗人及评论家马修·阿诺德（Matthew Arnold）的作品《友谊之冠》（*Friendship's Garland*）中出现的人物。其中一篇关于义务制教育的书信中，阿诺德提到了认识的波特斯先生，后者是英国本土中产阶级的典型代表，典型的曼彻斯特学校培养出来的学生，阿诺德评价他"*a radical of the purest water*"，不断发动改革，无休止地追求"水至清"的社会环境。（Harding Craig and Joseph M. Thomas, *English Prose of the Nineteenth Century*, F. S. Crofts & Co., Inc, 1929）——译者注

《圣经》的诫命与经济利益的铁律完全融合，将虔信与商业财富积累结合在同一个目标之下。进而，人是按照神的形象创造，其地位仅仅比天使略低、基督舍己代赎子民等宗教信条，支撑着政治上信奉的创造主所赋予个人的在教会与国家都无权剥夺的权利的理念。虽然商人企业主也认同杰斐逊的观点，认为这一政治原则的真理性是自明的。但是，《圣经》的支持仍然不可或缺，因为《圣经》赋予人性以尊严，正是这种尊严孕育了他多少有所觉悟但还缺乏自信的个人主义精神；而且，肯定他尊严的理念被认为同时也肯定了他的需求。事实上，《圣经》为劳动与自然权利观念的背书写就了个人借以扫除等级体制下对商业的贬斥、恢复其声誉，并且为其披上可敬光环的宪章。

同样，人民主权原则也被赋予无懈可击的《圣经》依据。市民社会是一群虔诚的信徒为了共同的世俗目标而达成的联合；它通过自治达成这些目的的权利是上帝赋予的。依据宗教，每个信徒都是牧师；依据世俗，每个人都是主权者。宣扬神授君权为代理人，如同宣扬教皇为中保一般，是违背《圣经》的，看看以色列社会创制的王权政治被明确视为对罪的惩罚。❶ 立法被认为是阐释和落实上帝启示在《圣经》中的律法，所以，其执行者须不仅在世俗上，而且在宗教上向信众负责。神启未言明处，法律须领悟其精义，竭尽所能遵循之。虽然这些原则显然留下了巨大的选择空间，但是，理论上公民自由与宗教自由具有相同界限。

对人民主权的宗教性阐释与商人企业主的诉求十分契合，与个人主义原则十分协调，极大提高了商人企业主的个人尊严感和地位感。他可以视自己不仅被天赋属天国度的自由国民的身份，而且天赋作为效法属天国度而成的属世国度的自由选民的身份。两种国民资格给予他的自由空间十分受用；他可以使用《圣经》合理化此世与彼岸的双重基业。当要争取此世的利益时，他引用《圣经》辩护劳动的理念，阐释主仆哲学，论证其债券业务，甚至奴隶贸易；他的工资经济、金融借贷的理念由《圣经》中按才受

---

❶此处指的是《旧约圣经》记载的以色列从扫罗开始的王权政治时代。此前是神权政治时代，采取的是"祭司的国度"的形式，耶和华立摩西、约书亚等为转达律法和执行上帝命令的代理人。以色列定居迦南之后的 400 多年没有统一的领导和中心，十二支派散居迦南各地，当有外敌入侵的危机时，耶和华临时从某个支派中呼召"士师"起来领导以色列作战，此时以色列社会并无专人负责传授、执行和监督法律。士师时代的后期因为并不常有耶和华的直接带领，以色列社会无序、混乱且偶像崇拜兴盛。（参见《士师记》21：25）此时，以色列人要求先知撒母耳为其立王。（参见《撒母耳记上》8 章）从神权政治到王权政治，以色列从由耶和华拣选特别设立的"祭司国度"转向与列国一样的王权政治，这是一种堕落，因为"像列国一样"的王权，是剥削、掠夺、奴役国民的不正当强权，虽然摩西律法的"立王规则"（《申命记》17：14，20）已明确限制君王的权力，但耶和华知道君王不会遵守限制权力的律法，所以以色列将来必受君王之害。（参见赵敦华：《圣经政治哲学初探——〈撒母耳记上〉释义》，《学术研究》，2010．11）——译者注

托的寓言❶得以加持。然而，从世俗看来，人民主权理念对他的吸引力在于能提供给他有力的手段以契约制度横扫等级制度，简而言之，摧毁封建国家，建立商业国家。

自然权利和人民主权这两条原则虽然令之感兴趣，其实际运用却很困难。宗教层面上，自然权利原则自然引出异见者权利的问题。理论上处理异见问题很容易。例如，分离派，即那些登上"五月花"号的人，由于始祖亚当的堕落失去了其自然权利，也从未采取相应途径重拾这些权利，这无伤大雅，但是，实践中如何援用这条原则引申出的异见者权利，却成为非常重大的事宜。异见者多如牛毛，如果都明确主张自然权利，则会造成问题。因为，如果忠实贯彻每一个人的自然权利，最终这条原则将大打折扣。再看人民主权原则，以长老派❷为例。加尔文派本质上是独裁的；实际上，16 世纪英国教会中长老制度与主教制度并存，经过了漫长过程才将后者驱逐出历史的舞台。[33]这一群体人数众多，都从《圣经》和历史中为其理念寻找理据。所以，在现实中无论是遵循人民主权原则还是自然权利原则组织属灵共同体都绝非易事。

而组织世俗共同体更为棘手。理论上构想遵循这两条原则组织社会很简单，如潘恩和《独立宣言》构想的。后者如，订立契

---

❶此寓言出现在圣经新约《马太福音》25 章 14—30 节。——译者注
❷长老派为英国清教运动当中的两个派别之一，另一个为独立派。长老派在教会制度上主张加尔文宗的长老制，认为地方教会必须接受上级宗教会议的监督。（参见柴惠庭：《英国清教》，上海：上海社会科学出版社，1994：147—149）——译者注

约形成社会，专注于维护个体的自由与安全。然而，这种构想付诸实践时却是另一码事。毫无疑问，一般而言，清教徒会发现这一构想不可行；即使真有适合创立这样组织的天时，也绝非他们那个时候。根本的问题在于商人企业主不青睐此种社会组织；事实上，我们不能肯定，清教徒们是否真心喜欢它。总之，根本问题在于，在自然权利与人民主权原则和人必然倾向于以最小成本满足需求的经济规律之间存在严重的逻辑冲突。

商人企业主，和其他人一般受经济规律的支配。他追求的并不是一个除了守护个人自由和安全外别无他为的组织；他要的是一个能重新分配运用政治手段的权力的组织，其维护自由和安全的功能是为了让他们也染指这种权力。即，他完全反感"政府"这种治理理念；而是如僧侣和贵族集团一般垂涎国家的理念。他并不追求国家本质的根本改变，而是想要瓜分国家带来的经济利益。

因此，商业政体可以说是某种意义上虚伪的尝试，尝试调和本质上无法调和的因素。正如我们所见的，自然权利与人民主权原则得到广泛接受，积极鼓动着各股势力联合反对封建理念；然而，虽然这两条原则与简约的"政府"高度契合，但是达不到商人们的目的。唯有国家体系才能做到。所以，问题在于，如何用这两条原则装裱其政治理念，同时防止它真正落实以损害运用政治手段的组织。这才是难题所在。最佳策略为对国家进行结构上的微调，使其貌似实践了这两条原则，实际上徒有其表。最重要的结构微调手法为创立所谓代议制或者议会体系，这是清教献给现代世界的，享有推动民主的美誉。然而，这一声誉显然夸大其词。因为此变化仅仅是又一种手法而已，对民主的影响可谓微乎其微。[34]

2

殖民地时期的变化

移民到美国的英国人只是换了个地方上演这幕剧。政治理念的辩论如火如荼地进行，然而，自然权利与人民主权原则实施的结果却与在英国时毫无分别。虽然这些移民已经具有浓厚的民主精神与气质，尤其是在普利茅斯定居的分离派，但是，现实却差强人意，除贯彻了权力分立的公理制教会制度外。❶ 将最终权力赋予最小的而非最大的单位，赋予地方教会而非某个宗教会议或者总会（general council）体现了民主原则，它在教会制度结构中的彻底贯彻代表了民主的实质性推进，也部分践行了自然权利与人民主权的普遍原则。普利茅斯的移民为这条原则做出了自己的努

---

❶公理制（Congregationalism），加尔文宗在英国发展的一个支脉，主张教会是"一群或若干在上帝和基督的统治下自愿与主订立契约的基督徒或信仰者聚集在一起"，会众平等，教会独立。教会应由每个成员共同管理，其权威在于基督指引下的全体会众，每个教会是独立自主的，除基督外，无任何人有权统治他们。（参见柴惠庭：《英国清教》，上海：上海社会科学出版社，1994：147—149）——译者注

力，把它贯彻于教会制度中，为此应享美誉。[35]然而，在政治制度中实践此原则却是另一码事。的确，普利茅斯殖民地居民可能想过如此实践，曾一度采取某种原始共产制度。他们在船上达成了协议。❶ 这个协定形式上体现了他们的民主精神，虽然尚未达到创制"政府框架"（如佩恩所起草的文件❷一般）或形成宪法的层次。那些以之为美国第一份成文宪法的人显然夸大其词了，因为它仅仅是一份确定移民在登陆及摸清了当地情况后着手创制宪法或者政府框架的协议。你将看到，它基本没有超过这个层次。事实上，这份意向性宪法不过是临时性的，因为历史上这些移民此时并不具备自我支配权。他们的航海殖民并非独立的，❸ 也非奔向未被占有的土地从而在那里可以建立领主权，创立任何合宜的政治制度。他们本来是朝弗吉尼亚进发的，打算定居在一个英国商人企业主公司的领地内，但其辖权脆弱，该领地迅速被皇室夺取，成为

---

❶此处指的是 1620 年乘坐"五月花"号出发的移民队伍在抵达科德角后，在船上达成的后被援引者称为《普利茅斯联合协定》的协议。（参见李剑鸣：《美国通史》第一卷，北京：人民出版社，2001：116）——译者注

❷此处指的是威廉·佩恩（William Penn，1644—1718）受查理二世委任在宾夕法尼亚建立殖民地时，构思和起草的宾夕法尼亚的"政府框架文件"，经过十余稿修改后在 1682 年最后形成。（参见李剑鸣：《美国通史》第一卷，146）——译者注

❸这里指他们往往需要英王颁布特许状，而且需要商界提供资助，航海移民方能成行。——译者注

皇家的一个行省。❶ 是失算和航海的偶然性使然，移民们才在环境严峻而山势陡峭的普利茅斯湾登陆，等待他们的前景十分凄凉。❷

这些移民在大多数方面并不逊色于其他迁往美洲的人。他们来自于英国国内所称的"下层社会"，他们节制、勤劳、能干，曾处身于荷兰大陆制度下的经历培育了他们政教合一的理念与思维习惯，这点使他们明显区别于其他同胞。然而，这充其量仅为他们终究只是部分实践了这些理念提供了历史参考。无论他们曾否构想一个完全的宗教与政治民主制度，曾否发现其共产主义实践合乎所信奉的精良而正义的社会制度的理念，关键在于尽管他们有足够自由建立一个足够民主的教会制度，却绝无自由建立一个哪怕与教会民主形似的政治民主制度，因为他们受制于所属英国贸易公司。他们甚至拥有宗教自由，因为伦敦公司不在意那个。同样的考虑支配着他们的共产主义实践，不管这种实践是否适合他们的理念，他们必须选择这种方式。他们与伦敦商人企业主的协定约束着他们，这些人给他们提供了交通工具与装备，换取他们七年劳役，在此期间他们必须在公共耕地上劳作，出产存入公

---

❶ 这批清教徒在向北美进发之前，向弗吉尼亚公司申请北美的土地，直到 1620 年获得批准。而弗吉尼亚公司在经营数年后变得负债累累，公司内部人事矛盾重重，而 1622 年印第安人的攻击更令其雪上加霜，此时在伦敦的一部分人提出改组公司，但是 1624 年 5 月，詹姆士一世通过王座法院吊销了公司的特许状，准备对公司进行重组。而查理一世继位后，索性将弗吉尼亚变为王室殖民地。（参见李剑鸣：《美国通史》第一卷，110、115）——译者注
❷ 这些移民在普利茅斯逐步登陆后，经历了来自环境和印第安人及人员死亡等多种挑战。（参见李剑鸣：《美国通史》第一卷，117—118）——译者注

共仓库，仅能从中抽取维持生计所需的物资。所以，无论他们是否奉行共产主义，都必须遵指示实行共产主义制度。

审视美国国家机器初期发展状况，我发现的根本事实是贸易公司（从事殖民活动的商业公司）实际上是个自治国家，这一事实的重要性最早是由彼尔德（Mr. Beard）提出。他说："像国家一样，它有宪法，有国王签署的特许状……像国家一般，它有相应领土，被授予的土地的范围往往比欧洲公国的领土面积还大……可以制定度量衡，发行货币，管理贸易，买卖法人财产，收税，管理财政，提供防卫。因此，所有此后很久出现在美国的政府机构中的基本要素都可以从在美洲开创英国文明的特许公司中找到影子。"（以上的结论非常重要，如此重要以至于我只敢恭敬地引用它）总体而言，美洲建立的社会结构本质上是由"母国"在大洋彼岸遥控的国家体系，区别仅仅在于被剥削的依赖性的阶级与有产的剥削阶级天各一方而已。这个自治国家的中枢在大西洋的一端，而臣民在另一端。

此种分离在治理上造成诸种困难。为了避免这些困难（当然可能也出于其他原因），一个英国公司——马萨诸塞海湾公司，于1630年带着他们的特许状和大部分股东整体搬迁，在美洲建立了一个真正的自治国家。此间必须指出的一点是，商业国家在新英格兰得以完全建立的时间远早于旧英格兰。英国移民主要在1630至1640年间来到马萨诸塞，此时英国本土的商业国家才刚刚开始其争夺统治权的艰苦斗争。詹姆士一世卒于1625年，继任者查理一世延续了他的集权政体。自 1629 年马萨诸塞海湾公司获得特许状起，到 1640 年召集长期国会（the Long Parliament）❶，查理一世在议会缺失的情况下进行统治，有效压制了经都铎王朝和詹姆士一世统治后残存的那点自由；这 11 年间，英国商业国家制度前景极其惨淡。[36]英国商业国家在 1688 年革命后建立，此前还要遭受内战、共和时期后期的畸变❷、复辟、詹姆士二世统治下血腥集权主义回潮的折磨。

这边厢，海湾公司的领导者们却一开始就能依据自己的意志自由创立国家纲领，创制能充分表达此种纲领的国家结构。没有先在的竞争性纲领需要根除，也没有既有的对抗性国家结构需要重构。❸ 因此，商业国家在这片白纸般的土地上建立起来，整整半个世纪后它才在英国得以确立。在美洲，它没有敌手，也不可能有。最重要的是，商业国家是美国曾存在的唯一国家形态。无论是在贸易公司、总督或共和代议机构的统治下，美国从未出现过任何其他国家形态。马萨诸塞海湾公司移民队可圈可点，是因为

❶长期国会（the Long Parliament）是查理一世被迫于 1640 年 11 月 3 日重开的议会，一直存续至 1653 年 4 月 20 日，史称"长期议会"（亦称"长期国会"）。长期议会成为反对以查理一世为首的王党的领导中心，它的召开是英国革命开始的标志。——译者注
❷应该指的是第二次内战（1648—1653）末期，克伦威尔于 1653 年 12 月 16 日被宣布为护国公，共和制被推翻，建立了护国公制或护国政体（英格兰联邦－护国公时期）。——译者注
❸在旧英格兰的商业国家诞生前的英国资产阶级革命就是清理这两点障碍的过程。——译者注

它是第一个在美洲建立的自治国家，从而为研究提供了最为完整和便利的样本。本质上它与其他殖民地没有任何分别。不论在新英格兰、弗吉尼亚、马里兰、新泽西、纽约还是康涅狄格，国家都纯粹是阶级国家，政治手段被控制在我们今天通称为"商人"阶级的手中。

在查理一世残暴专制的 11 年里，英国移民不断加入到海湾殖民地，呈平均每年约 2000 人的趋势。无疑，起初部分移民曾抱有如在弗吉尼亚般以农业立足的打算，继续或者毋宁说模仿半封建的社会习俗，比如发展那些奴隶经济或者佃租经济下才可形成的产业。然而，现实证明这不可行；新英格兰的气候和土壤都不具备这样的条件。佃租经济很不可行，因为与其为主人干活，移民中的农民往往倾向于开发未被占有的土地，为自己劳动；换句话说，如杜尔哥（Turgôt）❶、马克思、赫茨卡（Hertzka）❷ 及许多其他人所论及的，若不剥夺土地则无法实现剥削。漫长而严寒的冬季令得农业中的奴役性劳动无利可图。海湾公司的殖民者们做了种种尝试，可是，即使试图奴役印第安人也未能得逞，原因参见我前面分析过的。在缺乏土地剥夺的情况下，移民求诸原始的灭

❶杜尔哥（Anne Robert Jacques Turgôt，1727—1781），法国经济学家，受法国启蒙运动总体思想，尤其是重农主义经济学说的影响，赞同自由放任经济政策，在就任路易十六的总审计时曾试图实践这项政策，但是未能成功，代表作为《关于财富的形成和分配的考察》。（参见［英］戴维·米勒、韦农·波格丹诺编，邓正来译：《布莱克维尔政治学百科全书》）——译者注
❷西奥多·赫茨卡（Theodor Hertzka，1845—1924），著有"*Freiland, ein soziales Zukunftsbild*"，英译为"*Freeland*"。——译者注

绝手法，其残暴恐唯有弗吉尼亚移民可匹敌。[37]他们蓄奴，大事奴隶贸易，但他们从一开始主打的还是作为小自由农场主、造船主、航海家和经营捕鱼、鲸，开采磨拉石，运输朗姆酒，提供各色货运服务的企业主等形象。最近新添了放债人身份。他们在这些行业中的成功广为人知。提及这点是为了解释为什么当商业国家遵循政府的首要功能并非维护自由与安全，而是"辅助商业"时，利益的分化和冲突将接踵而至。

3

消失的自然权利与人民主权原则

若要从美国这个商业国家中寻找体现自然权利和人民主权原则的迹象只会无功而返。公司体制和行省体制中都没有这条原则的影子，到自治国家形态下则遭到彻底抛弃。马萨诸塞海湾公司带来了他们的特许状作为新殖民地的宪法，根据其规定，国家形式为一种极端小规模和封闭的寡头政体。投票权掌握在股东或者公司中的"自由人"手里，贯彻了多年后由约翰·杰伊（John Jay）明确提出的国家主权原则，即，"由拥有国家的人治理国家"。某年末的数据显示，海湾殖民公司约有2000人，然而，其中对其政府有话事权的不到20人，甚至不超过12人。这一小撮人组成了董事会或者说理事会，委任行政官，包括1个总督、1个副总督、约6个文官。这些官员不对社会负责，只对董事会负责。

根据特许状，董事会是"罔替"（self‑perpetuating）的。他们被授权酌情填补空缺或增加人数。遴选的方式类似于此后亚历山大·汉密尔顿（Alexander Hamilton）提倡的政策，即，只臻选出那些富有的、有影响力的人，形成抵挡任何染指人民主权的尝试的坚固防线。

历史学家们非常敏锐地指出加尔文宗教义如何影响海湾公司形成强烈的反民主态度。他们讲述的故事引人入胜、妙趣横生，但是，反映的本质却十分简单、一目了然。如此看来，公司秉持了逾千年来国家在类似情况下的行动准则。马克思的名言"宗教是人民的鸦片"要么是出于无知，要么是由于马虎导致概念混淆，因此无从过于苛责。宗教从不是，也永不会是鸦片。然而，建制基督教（绝非马克思意义上的宗教）从 4 世纪初伊始就一直是人民的鸦片，而这剂鸦片被马萨诸塞海湾公司的寡头们运用并致力于政治目的，其巧妙程度无可匹敌。

311 年，罗马君士坦丁大帝颁布了倾向建制基督教的宽容敕令。❶ 他大力扶持这一新兴教派，赠之以厚礼，甚至吸收十字架标

❶指的是《米兰敕令》。313 年，君士坦丁和李锡尼在米兰会面，达成一项共同的宗教政策。数月之后，这一政策以一封信的形式被正式颁布，后人将这封信称为"米兰敕令"，它标志着早期基督教发展史上的分水岭。敕令对基督教采取了同情和宽容的态度，敕令允许民众自由选择宗教信仰，要求归还迫害时期没收的教会财产，某些有利于基督教的重要态度在这个官方文件中被确定了下来。《米兰敕令》标志着罗马帝国的最高统治者对基督教的态度发生了根本性的变化，承认了基督教的合法地位。[参见郭苏星：《君士坦丁一世与基督教》，《内蒙古师范大学学报》（哲学社会科学版），2006．1]——译者注

记创制了他的军旗（labarum），❶ 这是一个明确的表态，不费什么成本。所谓他在对马克辛迪乌斯（Maxentius）的关键战役之前看到的天堂异象完全可以就像马恩河战役（the battle of the Marne）前见到异象一样付之一笑。他从未加入教会，那个声称他皈依基督教的传说非常可疑。促使他做这一切的原因在于，历史已经推动基督教崛起为一股重要的力量；它从屈辱与迫害中存活下来，已经成为一股君士坦丁看到势必影响深远、值得他拉拢的社会力量。教会可以成为国家最有效的工具，道行不用太深就能参透如何利用它。该种心照不宣的相互理解建立在一条简单的利益互换原则上：帝国提供足够的扶持、庇护、资助，保证教会神职人员也跻身显贵，作为交换，教会必须抛弃其针砭时弊的不服从传统，具体而言，它必须禁绝任何关于国家对政治手段运用的消极评论。

这些是自君士坦丁时代起建制基督教与国家达成的协议中恒常的条件，当然容我再说一遍，是暗地里的，就像无须明文规定不能过河拆桥一样。这也是德国和英国在宗教改革中达成的协议。狭小的德意志公国设立了自己的国家教会，就如建立国家剧院一

---

❶311 年后，加勒利逝世，李锡尼（Licinius）独控伊利里亚，君士坦丁与李锡尼结成同盟对付近邻马克西米努斯和马克辛迪乌斯。在马克辛迪乌斯的军队规模占据优势的情况下，君士坦丁率先发动了对前者的进攻。在进军的过程中，君士坦丁声称他看到了神迹：太阳中出现一道十字架光芒的景象，并梦到基督指示他要将十字架作为军队的军旗。此后，他将十字架作为其军旗象征，在罗马城外的一场战役中大获全胜，杀死了马克辛迪乌斯，攫取了整个帝国西部的统治权。（参见［美］沃伦·特里高德著，崔艳红译：《拜占庭简史》，上海：上海人民出版社，2008：20—21）——译者注

般；在英格兰，亨利八世设立教会作为官僚体系的一部分，如同设立邮政系统一样。这些案例中达成的根本协议就是教会不能干涉或者诽谤政治手段的运作；实际见到的往往是，教会不仅不诽谤，还常常挑唆政治手段运作到极致。

美国的商业国家亦与建制基督教达成了此种协议。在马萨诸塞海湾殖民地，教会在 1638 年成为国家的一个正式的辅助机构，[38]有税收支持；它维持一个国家性教义体系，于 1647 年公布。在其他殖民地也是如此，比如在弗吉尼亚，教会是国家文官体系的一个部门，即使教会没有被建设为权力部门的那些殖民地，也通过其他途径贯彻了这种协定，条件同样优渥。事实上，在英国和美国的商业国家很快就对建制教会理念不再感冒，他们发现自愿捐助制度❶也能达到国家与教会间的互惠，而且后一种方式更能切实满足任何形式的信条和仪式偏好，将国家从调解关于教义和教制纷争的麻烦又不讨好的琐事中解放出来。

罗杰·威廉斯（Roger Willliams）、约翰·克拉克（John Clarke）和其同伴 1636 年在罗德岛建立了纯粹而简单的自愿捐助制，此时距这些同伴的先祖被从马萨诸塞海湾殖民地驱逐出来已

---

❶指主张靠私人捐助，而非国家扶持来维持教会和学校等机构的制度。——译者注

经近300年。❶ 通常认为这批被流放的人建立了一个无论宗教制度还是社会制度都奠基于自然权利与人民主权原则之上的社会，开启了民主试验。然而，这显然过誉了。这个团体的领导者当然知道这种理念，建立宗教制度的时候，还算遵照了这一理念。待建立社会制度时，最多只能说，他们的实践达到了让社会制度看上去符合这一理念的效果，而且，还得大大降低标准才不至于被打脸。当然，至少可以说，他们的尝试曾一度远远领先盛行于其他殖民地的实践，如此领先以至于罗德岛曾与邻居马萨诸塞及康涅狄格产生了严重分歧，后两者常常采取夸张和添油加醋的手法四处散播诋毁其声誉的流言。然而，通过采用国家占有土地的制度，罗德岛的政治结构本质上从一开始就是国家制度，当时就已筹划将社会划分为有产剥削阶级和无产依赖性阶级，后来也是这样实施的。威廉斯奉行平等个体之间达成社会契约的国家哲学，但是罗德岛并不存在平等，实际缔造的是一个纯粹的阶级国家。

1638年春，威廉斯获得两位印第安酋长馈赠的约20平方英里

---

❶ 马萨诸塞在宗教上十分封闭和排他，当局为了避免宗教纷争，往往采取驱逐反对派的策略。威廉斯反感马萨诸塞教会的当权派，反对教会以世俗权力处理宗教事务的行为，反对英王将印第安人土地授予马萨诸塞海湾公司。因此，1635年9月3日，马萨诸塞大议会做出驱逐威廉斯的决定，限他6周内离开马萨诸塞的领地范围。10月，当局准备将他遣送回英国的时候，他逃到了普罗维登斯。其后，经过威廉斯的努力和运作，罗德岛范围内散居的四个村镇联合起来（这些村镇即300年前被从马萨诸塞海湾殖民地驱逐后迁徙到罗德岛的移民的后裔），1647年成立联合政府。直到1660年以后，罗德岛才成为一个稳固的政治联合体，并在1663年获得正式的特许状。（参见李剑鸣：《美国通史》第一卷，122—123）——译者注

的土地，两年前他还从他们手中购买了一些。10 月，他建立起土地购买人的"所有权"，他们购买了印第安人赠予土地的 12/13。比克内尔（Bicknell）在其所著关于罗德岛的历史书中曾引用了一封威廉斯写给海湾殖民地的代理总督的信，其中他坦承，这一所有权计划图谋在居民中制造出两个阶级，其中一个由掌握土地的家族头人组成，另一个则由没有土地的年轻单身佃农组成，这些人，正如比克内尔所说，"对于谁做社会的官员，该遵守什么样的法律等，没有任何发言权或投票权"。所以，罗德岛的政治制度实质上就是国家制度，与海湾及其他美洲殖民地的国家别无二致。事实上，罗德岛的土地所有特权制度延续的时间不是一般的长，即使美国绝大部分地区都已经放弃了这一制度后罗德岛仍然坚持了一阵。[39]

总而言之，由以上分析足见，美国殖民地的政治制度没有显示出任何民主的痕迹。政治制度都是清一色的商业国家。美国人根本未尝试其他形式。而且，自然权利和人民主权原则在从 1607 年第一批定居者到达至 1776 年革命的整个殖民时期从未在美国的政治实践中践行过。

Ⅳ　美国国家制度的确立

1

国家制度的命脉——土地国有

征服和征用实现后，国家便建立，土地是它的首要关注点。国家主张自己对其领土的绝对所有权，因此，任何地产所有者理论上都是其佃户。因其作为至高地主的权柄，国家按照自己的条件在其受益者中分配土地。此处需要指出的是，通过国家占有土地的制度，任何原始交易被授予了两种垄断权利，二者在本质上不同，一个关乎对劳动创造的财产的权利，另一个关乎对纯粹法律创造的财产的权利。一种是对土地的使用价值的垄断，另一种则是对土地的经济地租的垄断。前者赋予了对相关土地不允许他人使用、侵犯的排他性权利，和对此土地劳作所创造的价值的排他性所有权，而所谓价值，是指对某一相关财产使用经济手段所产生的。对经济地租的垄断却赋予的是对他人渴望占有此财产的需求所产生的价值的排他性权利，此种价值的产生不需要以所有者运用经济手段生产为前提。[40]

无论出于何种原因，只要两个及以上人竞争某块土地的所有权，就会产生经济地租，它同参与竞争的人数成正比增加。整个曼哈顿岛最初是由少数荷兰人以价值约 24 美元的珠宝从几个印第安人手中买来的。此后所谓"地价的攀升"，是由人潮的涌入以及由此造成的对海岛上土地的高度竞争造成的；这些增值由土地所有者垄断。竞争人数攀升，所有者的获利就攀升；阿斯特家族（the Astor）、文德尔家族（Wendel）和三一教堂地产常被引用作为国家占有土地制度研究的经典案例。❶

洞悉了国家是运用政治手段的机构，它首要的目的是实现一个阶级对另一个阶级的经济剥削，我们就会发现它始终尊奉这一原则：土地征用是实现剥削的前提。这是政治手段得以施用的唯

---

❶阿斯特家族（the Astor），美国的房地产家族，著名的经济世家。第一代约翰·雅各·阿斯特（John Jacob Astor）是皮草商人起家，到晚年时，他判断纽约将成为世界性的都市，于是退出皮毛界，全力购入曼哈顿的土地。其子威廉·B. 阿斯特（William Backhouse Astor）开始发展房地产业。文德尔家族（Wendel）与阿斯特家族同为纽约地产的大投资商人。（参见 George J. Lankevich. *New York City: A Short History*. New York University Press: 1998）纽约三一教堂（Trinity Church）位于纽约市曼哈顿下城的百老汇大道 79 号（百老汇大道与华尔街的交汇处），是圣公会纽约教区的一座古老的堂区教堂。1696 年，英国圣公会购买这块土地兴建新教堂。原本的教堂木质框架被大雪压塌，目前的教堂祝圣于 1846 年 5 月 1 日基督升天节，当时是曼哈顿下城最高的建筑，高耸的新哥特式的尖顶装饰着镀金的十字架，是进入纽约港船只的欢迎灯塔。它被认为是哥特复兴式建筑的经典实例，1976 年被列入美国国家史迹名录。三一教堂是纽约市最大的土地拥有者之一。——译者注

一途径。基础经济学的第一假定为人是土地动物，从土地获取其生存的全部资源。[41]他的所有财富都是通过将劳动力与资本投入土地获得；人类已知的财富获取途径唯其如此。因此，如果通过法律先占方式切断人自由获取土地的机会，他只能在获得土地所有者同意、满足其要求的情况下才能投入劳动力与资本，换句话说，在此时，也唯有此时，剥削才可能实现。[42]因此，国家的首要关注必然，通常的确是其土地政策。

以上我尽可能简略地叙述了这些基本原理，读者很容易在其他著作中读到更详尽的阐述。[43]此处我仅仅试图说明，为什么国家土地占有制度得以形成，为什么其存续对于国家的存在是必需的。如果该制度崩溃，则，显然，国家存在的理由将不复存在，国家将随之消亡。[44]明了这点后，就能饶有兴趣地发现，虽然我们的公共政策似乎正在得到详尽的审视，但是没有任何政论家就国家占有土地制度谈只言片语。这无疑最充分地证实了该制度的重要性。[45]

在封建国家中，土地少有流通。例如，经历1066—1076年间的征服与征用后，威廉在英格兰建立起了诺曼王国，他将征用的土地分封给同伙，这些人从未提过开发持有的土地，从未思虑过提升地租牟利。事实上，此时经济地租几乎尚未问世；他的同伙们尚未卷入市场，而被剥夺了土地的人群也未提出任何经济要求。封建体制是身份性体制，此体制中地产几乎不产生地租价值，使用价值亦有限，却具有巨大的身份标识价值。土地仅仅被视为高贵的印记，而非有效资产；拥有它表征一个人属于剥削阶级，土地的面积比供他剥削的依附性人口的数量更重要。[46]然而，商业国家的侵蚀带来了变化。地租价值的重要性被认识到，地产投机交易变得普遍。

因此，对在美国本性毕露的商业国家制度进行研究时，必须记住，从建立第一个殖民定居点伊始迄今，美国都一直被视为在地租价值投机上具有无限潜能的领地。[47]完全可以说，自罗利（Raleigh）❶ 之后每个殖民的企业家与业主都深谙经济地租的价值与提升它的必要条件。瑞典、荷兰和英国的贸易公司明了这点；海湾自治商业国家的恩迪科特（Endicott）和温斯洛普（Winthrop）也深谙这点；当然还有佩恩和卡尔弗特家族（Calverts）的人；还有卡罗来纳州的开发者们，从查理二世获得开发弗吉尼亚南部从大西洋到太平洋的土地的特许状；正如我们看到的，罗杰·威廉斯

----

❶沃尔特·罗利（Sir Walter Raleigh），美洲殖民中的个人冒险家。继承其兄弟吉尔伯特的遗愿，1585 年 4 月派遣两艘船驶向北美海岸进行考察。两船于是年 7 月到达今北卡罗来纳海岸的附陆小岛罗阿诺克，罗利将之命名为"弗吉尼亚"（处女地）。1585 年起，罗利派遣他的表兄们来到北美开展第一次定居拓殖的试验。数次在罗阿诺克投入移民，但是这些移民都不知所终。到 1590 年再次来到罗阿诺克岛寻找先前投放的移民，已经杳无踪迹，宣告英国第一次定居拓殖试验的失败。1603 年詹姆士一世即位之后，罗利被控卷入密谋谋反，被处死。此后詹姆斯敦的移民曾去罗阿诺克寻找以前的移民，但是仍然毫无踪迹。所以，罗利以"失踪的殖民地"载入北美殖民史中。（参见李剑鸣：《美国通史》第一卷，91—93）——译者注

（Roger Williams）和克拉克（Clarke）更是精于此道。❶ 事实上，土地投机可以作为美国殖民时期建立的首批主要产业而名垂青史。萨科斯基教授呼吁注意一个事实，即，南部在认识到黑奴和烟草的商业价值之前，土地投机曾经兴盛一时。前两种商品大约于1670年才成气候——烟草可能早些，但也早不了多少——而在此之前，英国本土和欧洲都被南部地主招揽移民的铺天盖地的宣传所覆盖。[48]

萨科斯基表明，早期投资美国地租价值的企业主少有从投机中获利丰厚的。这种情况更充分地证明了我们的那个观点，即，只有稳定使用经济手段，或者我们通常所说的，"工作谋生"的，或者再换成专业术语是，对自然资源投入劳动力和资本以创造财富的一定数量的人群出现，方能产生经济地租。虽然作为卡罗莱纳这么大一个省的所有者令卡特利特（Carteret）、伯克利（Berkeley）

---

❶约翰·温斯洛普（Winthrop）在马萨诸塞的建立过程中起了很关键的作用。1629年，他与托马斯·达德利等订立《剑桥协定》，确定在新英格兰建立定居地的计划，后被选为未来殖民地的总督。1630年4月，他带领近千名移民，率4艘船，来到塞勒姆，开启了新英格兰移民的高潮时代。在登陆之前，他在"阿贝拉"号上鼓励移民建立一个"山巅之城"，此后马萨诸塞就以此命名。（参见李剑鸣：《美国通史》第Ⅰ卷，119）威廉·佩恩（William Penn）对于称作"神圣的实验"的宾夕法尼亚的建立起着关键的作用。而卡尔弗特家族则对于马里兰州的建立至关重要。（参见李剑鸣：《美国通史》第一卷，111—114、122—123、145—148）——译者注

和他们的贵族同僚们❶脸上很有光，但是，如果那儿没有足够定居人口运用经济手段创造财富，则，显然其中任何一寸土地不会产生一毛钱的地租价值，业主运用政治手段的机会将会为零。从政治手段中获利丰厚的业主往往是布利沃特（Brevoorts）、文德尔（Wendels）、惠特尼（Whitneys）、阿斯特家族（the Astors）和戈莱特家族（the Goelets）这样的人，或者更准确说是其后裔，他们拥有的地产都位于实际的或者潜在的城市中心，持有这些地产为的是作为投资而非投机。❷

　　然而，在美国，政治手段的诱惑力引起了一种特殊的心理状态，对它的研究将会颇具启发性。在封建国家统治下，凭恃政治手段生存必须以幸运的出生或在某些特例中凭借某人赏识为条件。那些不具备这种条件的人只能采取经济手段作为唯一谋生之道。无论他们多想采取政治手段，或者多么嫉妒那些能运用该种特权的少数人，都无济于事；封建体制是一种严格的身份体制。相反，在商业国家形态下，政治手段对任何人开放，不论出生、地位，

---

❶内战期间流亡到巴巴多斯的种植园主约翰·科利顿爵士，觉得巴巴多斯白人人口过剩，想在弗吉尼亚南面建立新的殖民点。于是，联合乔治·卡特利特爵士、约翰·伯克利（伯克利男爵）等8人结成利益小团体，利用与国王的密切关系，于1663年从英王那里获得了卡罗莱纳的特许状，获得在北美北纬31°～36°之间建立拓殖地的权利。（参见李剑鸣：《美国通史》第一卷，139）——译者注

❷这是几个美国典型的家族式商业巨头。布利沃特是一个荷兰籍家族，府邸建于第五大道。惠特尼家族发明了美国的轧棉机，对美国的制造业有很重要的影响，也购买了很多地产，积累了相当多的财富。戈莱特家族通过投资曼哈顿的地产致富。——译者注

只要有足够的智慧和决心就可能得到。在这个意义上，美国似乎是一片充满无限机会的土地。这造成了一个新兴的群体，他们首要的目标就是竭尽所能利用这样的机会。他们行为唯一的动机，就是坚决尽快地摆脱经济手段，无论以良心还是人格为代价，都上升为依靠政治手段生活。从一开始，这种决心就十分普遍，可以说成了某种偏执。[49] 此处我们不必深究以商业国家取代封建国家带来的利与弊；我们仅仅观察等级体制培育出的一些德行与品格，看看契约体制对之何等不利，甚至形成毁灭之势。在那些经历了长时段的封建体制的民族中还保有这些德行与品格的遗风，但美国既然没有封建经历，这些干脆从未出现。至于这种缺失如何被补偿，或者该种补偿够不够，我再说一次，我们不关心；我们仅仅指出一个简单的事实，这些德行与品格并未、也不可能在美国普遍的心性结构中扎根。

2

美国革命的催化剂——土地投机

我相信，彼时人们发动 1776 年殖民革命的真正原因永无可知了。我们的课本归诸的原因实质上微不足道；各色拥趸和吹鼓手对这场斗争及其根源的解释有失偏颇。很值得重视的一个诱因是，英国自 1651 年始制定的一长串针对美国的商业法案，尤其是在1688 年革命使其商业国家制度得以稳固确立后颁布的那些法案。

这些法案包括《航海条例》（the Navigation Acts）、《贸易条例》（the Trade Acts）以及"规范殖民地货币系列条例"和"1752 年规范征税和扣押财物条例"，还有导致 1696 年贸易董事会诞生的立法行动。[50]❶这些法案直接影响了殖民地的工业与贸易利益，虽然究竟程度如何尚可商榷，然而无疑，足够引发深刻的怨恨。

然而，除此之外，如果读者设身处地想想当时殖民地居民主要的野心，立即就能发现两个重要却出于某种原因被历史学家所忽略的事实。第一个是，英国试图限制殖民地运用政治手段获取地租价值。[51]1763 年，它不允许殖民地居民占有任何流经大西洋沿岸的河流发源地以西的土地。这样划定的禁区排除了移民们对宾夕法尼亚一半、弗吉尼亚一半以及西部全部土地的先占权。这就严重了！随着人们对土地投机的狂热与日俱增，随着他们日益敏锐和普遍地意识到或真或假的致富机会，英国这种限制危及殖民地的每个人。只要想象，如果在早几年华尔街正赚得盆满钵满的时候突然宣布股票投机非法，民众会感觉如何，就明白这种限制的后果了。

因为此时，殖民地居民已经模糊地意识到这个国家的西部所蕴含的无限资源；这点模糊的认知足以推动其幻想和欲望达到白

---

❶《航海条例》旨在限制北美殖民地的航运业务只能使用英国的船只，只能运输英国的货物。"规范殖民地货币系列条例"是英国议会通过的一系列规范殖民地的纸币发行的条例的总称，这些条例旨在保护英国商人和债权人免于殖民地以其货币偿付时遭受货币贬值的风险。关于"1752 年规范征税和扣押财物条例"译者实在未能查到除本书外的其他相关资料，在此致歉。——译者注

热化的程度。沿海的土地完全被占据，拥有永久权的农民被迫不断深入内陆，移民人口持续增长，沿海城镇持续扩张。此种情况下，"西部土地"成为众望所归。地租价值仰赖人口，此时人口持续增长，可供拓展的大方向是西部，那里有广袤、丰富的无主土地。由此，难道殖民地居民蠢蠢欲动想要占有这些土地，根据自己的设想和利益开发，不再听英国吆五喝六，不是很自然吗？这就意味着政治必须独立。无需多少想象就能推断出，任何人置身于这种情况下都会有这样的感受，而 1763 年法令规定的对殖民地运用政治手段的无理限制会进一步引起他们强烈的怨恨。

　　了解殖民地时期土地投机的实际状况有助于充分说明个中事态。大部分投机是通过公司体系完成的；若干投机商人结盟，取得某块土地，估测其价值，然后尽快倒手。他们追求迅速周转，所以，通常不考虑保留土地，更不想开发，一言以蔽之，他们的投机是纯粹的地租价值赌博。[52] 革命前，此类投资企业有在 1748 年获得 50 万英亩土地后成立的俄亥俄公司（the Ohio Company），和俄亥俄公司一样由弗吉尼亚移民组成的洛亚尔公司（the Loyal Company）、特兰西瓦尼亚公司（the Transylvania）、万达利亚公司（the Vandalia）、赛欧托公司（Scioto）、印第安纳公司（Indiana）、沃巴什公司（Wabash）、伊利诺伊公司（Illinois）、萨斯奎汉纳公司（Susquehannah），以及其他拥有相对较少土地的公司。[53] ❶看

---

❶这几家是西进运动中进行土地投机的国有大公司。（参见张友伦主编：《美国通史》第二卷，286）——译者注

看涉足这一行业的人名很有意思；特别是，考虑到他们对革命的态度以及此后投身所谓政治和爱国事业，不能不重视这种关联。例如，华盛顿将军不仅是个人投机商，而且是俄亥俄公司的一员，更是组建密西西比公司（the Mississippi Company）的主要推动者。他还构思了组建波多马克公司（the Potomac Company）的计划，组建该公司是为了走水路和陆路将西部出产物资运往波多马克河，并经那里抵达海边，由此提升西部土地的地租价值。该公司甚至决定了本国首都建在哪儿，虽然当时那里十分不起眼，却将作为即将开辟的水运线路的终点。华盛顿从城中挑了一些地冠以自己的名字，但是，和其他早期投机者一样，并没有从中赚多少钱。他逝世时，这些土地评估价为 2 万美元。

帕特里克·亨利（Patrick Henry）是个顽固而贪婪的土地包买主，胆敢经营英国划定的禁区内的土地，后来深度染指臭名昭著的亚祖公司在佐治亚的事务。他似乎极不谨慎。他的公司在佐治亚拥有总计逾千万英亩的土地，面临被佐治亚证券购买的危机，但是如此一来这些土地将实质上大大贬值。亨利以约 10 美分抵 1 美元的价格买断了能得到的所有证券。当汉密尔顿为了贯彻其度量衡不得不命中央政府吞下这些证券标记的债务时，这些证券价值大增，亨利从中大为牟利。无疑，正是这种无比贪婪的特质为他"赢得了"杰斐逊（Mr. Jefferson）的嫌恶，后者曾十分鄙夷地

说他"对钱永无餍足"。[54]❶

本杰明·富兰克林（Benjamin Franklin）精明的头脑真心看好万达利亚公司（the Vandalia Company）项目，而且成功地于1766年在英国发起了该公司。提摩太·皮克林（Timothy Pickering），连任华盛顿政府和约翰·亚当斯（John Adams）政府的国务卿，1796年曾写道，"我现在的身家主要通过土地投机获得"。赛拉斯·迪恩❷，这位大陆会议派往法国的大使，对伊利诺伊和沃巴什公司感兴趣，与罗伯特·莫里斯❸这位"革命财政家"一样；还有革命后通过抢占土地壮大实力并任高等法院法官的詹姆士·威尔森（James Wilson）也对这两个公司有兴趣。康涅狄格的沃科特和耶鲁大学的校长斯泰尔斯（Stiles）在萨斯奎汉纳公司有股份；皮勒提亚·韦布斯特、伊森·艾伦和约拿单·特伦布尔（即"约

---

❶帕特里克·亨利是弗吉尼亚亚祖公司（the Virginia Yazoo Company）的灵魂人物。他在地产投机史上最名垂青史的手笔是在佐治亚购地的行为。1789年11月，他联合其他6个佐治亚人组成佐治亚地产公司（Georgia Land Company），购买了逾千万英亩的土地，引起华盛顿总统的担忧。华盛顿在1790年提醒亨利他们，亚祖河的土地属于与联邦签订合约的5个印第安部落，所有权不可侵犯。但亨利不予理睬，和他的同僚谋划从佐治亚当地议会购买这些土地，然而，他们最初购买时用的是州证券，后来佐治亚议会通过法案要求国库只收真金白银，由此，亨利他们所持有的州债券变为废纸，从而在购买佐治亚土地的交易上失败。（Laurence Yadon, Robet Barr Smith. *Old West Swindlers*. Pelican Publishing Company, 2012）——译者注
❷赛拉斯·迪恩（Silas Deane, 1737—1789），美国商人、政治家与外交家，大陆会议代表，被大陆会议派驻巴黎游说法国参战。——译者注
❸罗伯特·莫里斯（Robert Morris），美国银行家，因帮助华盛顿筹集军需而被称为"革命财政家"（Financial of the American Revolution），《独立宣言》签名人之一，制宪会议代表，也是邦联政府的第一任财政部长。——译者注

拿单弟兄"）也有，约拿单的名字长时间都被作为典型美国人的别称，而且至今仍时有采用。首任纽约市市长詹姆斯·杜安（James Duane），参与了一部分重要的投机活动；无论多么不愿意接受这一事实，但仍然无法否认，革命之父塞缪尔·亚当斯（Samuel Adams）也参与其中。❶

只要用常识对情势进行分析，就能看到英国干预美洲运用政治手段的自由，与通过《航海条例》《贸易条例》等规条干预其运用经济手段的自由至少是同等重要的革命诱因。本质上，这种干预影响更大，一方面因为它影响了人数更庞大的那个阶级，另一方面因为地租价值投机来钱更容易。这里引出我认为值得注意的第二点，但这一点据我所知至今在对这个时期的研究中仍未受到重视。

十分自然地，殖民地居民意识到独立不仅能让他们更自由地以此种方式运用政治手段，而且将带给他们作为殖民地身份所不能企及的其他方式。作为英王的行省，商业国家虽然在结构上完整，但功能上却是残缺的；它不能赋予殖民地使用任何经济剥削手段的权力。真正自治的国家在实现经济剥削上的优势已经昭彰，

---

❶奥利佛·沃科特（Oliver Wolcott，1760—1833），美国政治家、律师，曾任职第二任美国财政部长和康涅狄格州州长。皮勒提亚·韦布斯特（Peletiah Webster），别称"a Citizen of Philadelphia"，费城商人，属于联邦党人一派。伊森·艾伦（Ethan Allen），美国革命中的英雄，来自佛蒙特州，带领绿山军（the Green Mountain Boys）夺取了英军的提康德罗加堡（the Fort of Ticonderoga）。约拿单·特伦布尔（Jonathan Trumbull），独立战争期间任康涅狄格总督，是华盛顿的知交。——译者注

因此强力地推动殖民地居民着手独立。

同样，运用常识对情势进行分析就必然得出这个结论。英国的商业国家制度已经从硝烟中兴起，给殖民地居民们提供了良好的教材见识它分配各种经济剥削的途径，以及如何达成这种分配。例如，一部分英国商人经营着英国与美洲之间的运输业务，另一部分则造船。美洲在这两条商业链上都有竞争力。如果他们经营相关业务，则，货运的价格将由竞争规范；否则，就将由垄断决定，或者用历史学术语说，其价格将取交易能承受的最高值。英国运输商和造船商同仇敌忾，请国家出面干预，因此英国命令殖民地仅仅能以英国建造或者经营的船只运送货物。鉴于运费关系货物价格，此种干预使得英国的船主赚足了垄断价格与竞争价格之间的差价；也即，使得他们可以利用政治手段剥削用户。[55]英国对刀剪、钉子、帽子和钢铁制造业等都采取了类似的干预。

这些干预采取简单的禁令形式。另一种干预模式出现在英国制定的针对外国的食糖和糖浆的关税中。[56]现在我们都十分清楚，征收关税的首要原因是采用无异于纯粹抢劫的手段对国内消费者进行剥削。[57]通常被诉诸的原因是偶然因素；唯有这条是根本原因，因此宣传员和说客根本不提。殖民地居民当然知道这个原因，有以下事实可以证明：在邦联建立之前很久，商人企业主和实业家已经蠢蠢欲动要建立新兴的机构以满足系统化征取关税的要求。

显然，英国对经济手段的干预必然引起利益直接相关人群的极度怨恨，而且，还造成了另一个如果不是更为重要，也至少同等重要的后果：令得这些相关人群青睐政治独立的理念。他们不禁见仁见智地分析，若建立自己的国家，他们将从中收获的利益与需付出的代价。无需太多想象力就可以重现他们眼中的商业国家的样子：具有充足的干预和区别对待的权力，由始至终致力于"扶持商业"，由若非他们同道，至少也是他们的代理人或易于被他们操控的人管理。很难假定殖民地居民没精明到预见它的程度，或者没有魄力在时机成熟时抓住机会实现它。历史表明，在尚未万事俱备时，东风已至。[58] 至此，联合商人企业主与各种实际或潜在投机商利益的共同目标，已经昭然若揭，汉考克家族（Hancocks）、戈尔家族（Gores）、奥蒂斯家族（Otises）与亨利家族（Henrys）、李家族（Lees）、沃科特家族（Wolcotts）、多布斯家族（Trumbulls）联结起来，直接导向政治独立的目标。❶

　　然而，所有这些现象导出的主要结论是，殖民地居民形成了一种关于国家的本质与首要功能的普遍定见。该种定见并非他们特有的；近了说与英国商业国家的既得利益阶级相同，远了说与封建国家的，甚至国家可追溯的历史中的既得利益阶级无异。伏尔泰研究了封建国家的遗迹后说道，国家本质上是"一个从一群

---

❶约翰·汉考克（John Hancock，1737—1793）是汉考克家族的杰出代表，美国革命家、政治家，富商出身，《独立宣言》的首位签署人。詹姆斯·奥蒂斯（James Otis, Jr.，1725—1783）是奥蒂斯家族的代表人物，美国革命先驱。他于1764年发表阐述独立战争的小册子。前文所提的帕特里克·亨利是亨利家族的代表，他宣称"不自由，毋宁死"。理查德·亨利·李（Richard Henry Lee，1732—1794）和弗朗西斯·赖特福特·李（Francis Lightfoot Lee，1734—1797）是李家族的代表，都作为弗吉尼亚州代表参与签署了《独立宣言》。——译者注

人兜里掏出钱来放入另一群人兜里的一个装置"。封建国家的既得利益阶级这样看待国家，并且将这一遗产一丝不苟地传承给了商业国家中实际或者潜在的既得利益阶级。殖民地居民将国家主要看作一个损人肥己的工具；也即，首先的和最重要的，国家是运用政治手段的机构。殖民地美国不持有任何其他的国家观念。小说与诗歌遵从传统诵咏国家，魅惑的神话传唱它的荣耀。但是，滤尽浮华，不得不正视，殖民地美国事实上不存在任何除此之外的其他国家观念。[59]

3

停留于纸面的《独立宣言》

美国革命的宪章是《独立宣言》，它奠基于两个理念之上，"不可剥夺"的自然权利和人民主权。我们已经看到，这两个理念都是理论上的，或者用政治家的话说，"原则上的"，适合英国商人企业主的气质，而且我们将展示，事实上，它与美国社会各阶层的精神气质更为契合。这里人口稀少而分散，资源丰富，地域辽阔，可供任何人占有和开发，由此，人们强烈赞同自然权利理念，移民从一开始就信奉它。政治独立则强化了这一理念。环境灌输给美国商人企业主、农场主、投机倒把者和实业家一种共同的由嫉妒、偏执、自信组成的经济个人主义。

相伴的人民主权理念也一样。殖民地居民经历了一段长久而恼人的被宗主国干预限制他们对政治手段和经济手段运用的岁月。他们也充分见识了这些干预如何被实行，操控干预的英国相关经济集团如何损害他们养肥自己。因此，他们心里容不下任何妨碍个人政治上表达权利的理念。既然他们生而为经济个人主义者，从而天生也就成了共和主义者。

因此，《独立宣言》的前言表达了他们共同的心声。但是，这两条主导理念可以轻易用于辩护国家既得利益阶级秉持的不受限制的经济伪个人主义，以及受处心积虑操控的选举政治。不论这是否庸俗化了两条理念蕴含的深刻意涵，毋庸置疑，人们事实上往往如此引申。美国历史不乏各种伟大的理念在人们日常的理解和应用中被化约为实现庸俗目的的手段。所以，《宣言》的前言不过反映了普遍的心态而已。无论该种对理念的引申多么牵强附会，也不论促使人们这样引申的动机多么偏私，它符合普遍心理。

对由《宣言》辩护为在"人民权利"基础上建构的新的独立政治体系的本质，人们也达成了共识。虽然对该体系的具体形式曾发生了一场名垂青史的争论，但是就其本质却毫无分歧。本质上它必然是既存的商业国家的延续。他们根本没考虑过建立"政府"，即，除《宣言》所宣称的保障个体自然权利以外别无其他目标，或者如潘恩所述，仅仅谋求维护自由与安全的纯粹的社会性机构，它绝不对个人采取任何形式的积极干预，而是严格限制于旨在维护自由与安全而必要的消极干预。当时的目标其实是要

建立本质完全不同的另一种制度——国家，一种运用政治手段的制度，而且最终得遂所愿。❶

我做此分析毫无轻蔑之意，毕竟，无论动机如何，也出现不了其他结果。这是我们唯一知道的政治制度。在美国，对时政的批评只能针对具体的不良统治，却不能针对统治制度本质中的反社会性。可以质疑统治者，不能质疑统治制度本身。人们对具体的国家制度（比如君主制）产生了强烈的反感，对国家制度本身却没有丝毫不信任或者怀疑。国家的本质从未受到仔细的审视；这需要时代思潮的支持，然而至今这种思潮尚未形成。[60] 如果参考 16 世纪针对教会的革命运动，或者毋宁说通常的革命运动，能发现美国革命与它们的亲缘性。这些革命都发端于权力的滥用或者过失之类具体而且次要的问题，开展的目的不外乎纠正错误或者实行报复，往往以牺牲明显的替罪羊的方式实现。至于产生这些过失的制度所立基的理念却从未受到审视，从而，很快这种过失又改头换面卷土重来，[61] 或者，也许由与其异曲同工的类似过失替代它

---

❶指的是制宪会议上联邦党人与反联邦党人（anti – Federalists）的争论。在 1787 年 5 月制宪会议召开之前，美国政治生活中已经分成两个派别：主张加强中央权力的国家主义者和主张最高主权应该在州而非联邦的州权主义者。两种力量间的分歧使得政治体制问题成为制宪会议争论的中心议题，主要有三个方面：一、联邦与州权之间关系的分配；二、中央三大部门之间关系的分配；三、北部工商业阶级与南部奴隶主之间的分配。经过 4 个月的辩论，制宪会议于 1787 年 9 月 17 日形成宪法草案。其后，就是否通过《联邦宪法》草案，形成了联邦党人与反联邦党人两个阵营。这两个阵营的领导者分别是国家主义者和州权主义者。自 1787 年至 1789 年，美国展开了一场浩大的政治大辩论。最后，在补充《人权法案》的条件下，联邦党人取得微弱多数通过宪法。（参见张友伦主编：《美国通史》第二卷，54—63）——译者注

出现。因此，长久以来改良和革命的惯常失败不过是因为它们换汤不换药的积习。

在探究事情的根本原理的过程中，真知灼见若非通过历史学方法得到，就是通过朴实的推理，辅之以明智而敏锐的直觉。将杰斐逊视为一个信奉粗糙的"州权利"原则的空想家的普遍看法是很不充分的，而且具有误导性。毫无疑问，他信奉州权利，但是绝不停留于此；州权利只是他整套关于政治制度的学说体系的伴生物。他相信，终极的政治单位，即政治权威和动力的宝库和源头应该在最小的单位，不是联邦，不是州，甚至不是县，而是镇，或者他称呼的"区"（ward）。镇，仅仅是镇，应该决定进入县、州和联邦等各级政治单位的权力代表。他这种主张彻底分权的学说十分有趣，值得揣摩，因为如果国家理念被"政府"理念取代，则后者在实践中呈现的样态应该是很接近他设想的制度形式。[62]无须赘言此种以"政府"替代国家的设想多么珍贵，因为它需要有多得吓人的国家以及文明的残骸来垫脚。然而，我饶有兴致地提醒大家，在一个半世纪前，一位美国人成功地深入到事物表面以下，某种程度上预见了未来很久之后将形成的判断。

1816年2月，杰斐逊写信给约瑟夫·C. 卡贝尔（Joseph C. Cabell）❶，信中他阐述了自己设计的整体政治制度依据的理念。他问道，是什么"摧毁了日光之下曾存的任何政府中人的自由与

---

❶杰斐逊书信集中致信的一个对象。（参见《杰斐逊选集》，北京：中国人民大学出版社，2013）——译者注

权利？就是，将所有的责任与权力赋予一个政治主体，无论它是俄国或法国的独裁者，还是威尼斯上院的贵族。"自由的奥妙在于，"只要自己能胜任，必然亲自承担关乎己身的权力的行使，实在不能胜任时才委托，而且在体制中逐级集中的过程，随着官职级别的逐级上升，赋予他们的权力相应减少，因为受托人越来越具寡头性质。"这一理念建立在对人的精确了解之上，因为我们都知道，作为普通人，不仅其智慧，而且其兴趣和情感运用的有效半径非常短，其范围不可能超过一个镇太多；设想任何人或任何人的集团能随意在州或者国家幅员范围上成功运用其智慧、兴趣和情感，是荒唐之极的。所以，必须持守以下原则：运用的范围越广，行使的职能范围越小，职能划分就越清晰。而且，通过"将一切置于每个人自己的眼睛所能监管到的范围之下"，将建立起防止僭越的最有效屏障。"若每个人都是所在区的共和体制的或者更高一级政治权力的参与人，若他能感觉到自己不仅仅是在选举活动的那年那天，而是在每一天都是公共事务中的参与者……他的心灵从肉体中解放的速度将比某个恺撒或者波拿巴从他手中攫取权力的速度快得多。"

1789 年建立的政治体制并未体现人民主权的原则，而是南辕北辙。在设计其结构的时候，美国的国父们遵循了由哈灵顿、洛克和亚当·斯密制定的某些具体规范，可以被视为商业国家中政治术的官方背书；事实上，如果粗俗点描绘，说它们是商业国家的挡箭牌，也无不恰当。[63]哈灵顿提出了最重要的原则：政治以经济为基础，或者，权力为财产效力。因为他是针对封建国家提出的，所以他重点阐述了地产。他所处的时代还未达到发现国家占有土地制度与工业剥削之间的关系的程度，他和洛克都未发觉法律创造的财产与劳动创造的财产之间的天然区别，甚至，斯密都未清晰觉悟到这点，虽然他似乎偶尔模糊意识到了。根据哈灵顿的经济决定论，人民主权的实现是个简单的事情。既然政治权力源于土地所有权，则只要分散土地所有权就可以保证令人满意的权力分配了。[64]如果人人都有土地，则人人都能统治。"如果人们占有所有土地的四分之三，"哈灵顿说，"显然不再有任何个人或者贵族阶层能够与他们争夺政府。如此，除非武力干涉，否则，他们就是统治着自己。"❶

半个世纪之后、1688 年革命结束时，洛克在其书中更为关注国家对其他财产所有权形式的征用性质的干预。长久以来，这种干预频繁发生，令人苦恼，在斯图亚特王朝统治下，已经达到肆无忌惮抢劫的程度。洛克因此想要完全确立财产神圣性的理念，以永远制止这种行为。因此他提出，国家的首要职责是守护一般财产权的神圣不可侵犯；国家自身也不能侵犯，因为如此它将违背自己的首要职责。因此在洛克看来，财产权甚至优先于生命和自由。必要时，国家必须照此做出选择。[65]

因此，虽然国父们"原则上"认同自然权利和人民主权理念，

---

❶引文译文出自［英］詹姆士·哈灵顿著，何新译:《大洋国》，商务印书馆，1981:10。此处作者并非引用《大洋国》一书相应的原文。——译者注

发现该理念为人的自我价值辩护，十分宜人，然而，他们的实际解释却将这一理念阉割了。他们并不十分关心实际与理念的一致性；他们对这条理念的实际兴趣仅仅停留于我们曾提到过的、通过它为一种冷静的经济伪个人主义和一种受操控的有名无实的普选制作为政治表达辩护。如此，他们精确模拟了那位英国辉格党专家同时也是该理念的执行者。洛克，这位将财产权高置于生命和自由权利之上的哲学家，也对人民主权理念没有好感。他根本不相信他称为"人民民主"的政体，根本没有想过要创建任何体现这种理念的政治机构。[66] 他构想的组织体现在他为英属卡罗莱纳省设计的影响久远的宪法中，其中他建构了一个默许当地奴隶制之延续的基本政治结构。❶ 这种结构代表着英国商业国家制度实际上为实践人民主权理念所能做的最大努力。

它当然也显示了仿照英国商业国家制度建构的美国版本能做的最大努力。总结而言就是，虽然自然权利与人民主权理念提供了一套各利益群体可以据之联合、也确实靠它们联合于政治独立的目标下的原则，却未能提供一套令人满意的资以创建一个全新的美国国家机器的原则。当确保政治独立之后，《宣言》中鲜明的理念就被搁置，仅残存几条有名无实的原则。生命与自由权利原则被视为宪法性的形式规条，解释时可以任意去其实取其皮，或者被视为多余的噱头，务实的执法者不必理会；而"追求幸福"

---

❶约翰·洛克于 1669 年参与制定《卡罗莱纳基本宪法》（Fundamental Constitution of Carolina）。——译者注

的权利则被简化为对洛克的天赋财产权理念的全盘接受，赋予法律缔造的财产与劳动创造的财产以同等的地位。至于人民主权理念，这个新兴的国家形式上必须是共和的，因为再无其他体制符合这个民族的普遍习性。因此，它面临的独特任务就是保留共和主义的形式，去其实质。为此，它采取了英国商业国家制度面临相似任务时采取的机制——代表或者议会制度。而且，它还改进了英国版本，添加了三个辅助性设计，历史证明这三个设计功勋卓著。它们分别是：第一，固定任期，对我们的行政施以天文性的而非政治性的规范，即，按照地球围绕着太阳运动的节奏，而不按照政治的节奏来规范；第二，司法审查和解释，正如我们已经看到的，这个设计赋予了对宪法巨大的解释空间；第三，规定立法者必须居住于其所代表的地区，此设计对立法者的灵活应变与贪赃枉法酬以可想象的最高奖赏，因此是迅速建构起大规模筹募机制的最佳途径。所以，显而易见，所有这些设计本身致力于平顺而稳健地实现国家权力最大限度的集中，而且它们的高效率运作使得这一进程的进展速率无限提升。

历史明确记载的约克敦的投降❶同时也标志着《宣言》的理念突然而彻底地从美国的政治意识中消逝。杰斐逊于 1784 年至

---

❶此处指的是在约克敦战役（1781）当中，乔治·华盛顿率领的美军和罗尚博伯爵率领的法军联手围攻驻守约克敦的由查尔斯·康沃利斯率领的英军，最终在 10 月 17 日，康沃利斯投降与美法联军谈判。——译者注

1789 年作为法国大使居住于巴黎。❶ 当他返回美国的日期临近时，曾写信给汉弗莱上校（Colonel Humphrey）❷ 说，他希望很快"通过与同胞交流重新了解他们的精神与观念。我只了解美国人 1784 年的想法。他们告诉我说，1789 年人们的思想已经大相径庭了"。后来他发现果真如此。回到纽约、重新恢复其在本国社交生活中的地位后，他非常沮丧地发现《宣言》的精神已经完全没落了。没人谈论自然权利与人民主权了，似乎它们从未曾为人所知一般。相反，人人都在谈论大大强化强制性权力的紧迫性，好制止"民主精神"对"体面而有产的人"的挑衅。[67]杰斐逊沮丧地写道，这一切与他在刚刚离开的法国所听所闻形成何等鲜明的对比，"在法国革命的头一年，这个国家浸润在对自然权利的热望和对改革的热情中"。在重新认识同胞的精神与观念的过程中，他说，"我无法描述餐桌上的谈话往往带给我多大的迷惑和耻辱感"。显然，尽管《宣言》曾是美国独立时的宪章，却绝非新建立的美国的宪章。

---

❶关于杰斐逊等派驻巴黎的历史详情，参见张友伦主编：《美国史》第二卷，38—39。——译者注

❷汉弗莱上校（Colonel Humphrey，1752—1818），全名"Colonel David Humphrey"，独立战争中的上校，与杰斐逊私交甚笃，杰斐逊书信中又一重要的致信对象。他曾任美国驻葡萄牙和西班牙大使，康涅狄格州议会成员。——译者注

Ⅴ 美国国家制度的实质

1

对国家的社会性质的迷信

老话总说，一个制度能否延续，完全取决于民心向背。所谓民心向背，即一套人们思考制度时习惯采用的说法。只要，仅仅只要人们还认同这套说法，该制度就能存活而且维持其权能；若无论出于何种原因，人们不再以这套说法理解制度时，它就衰落，不再有生命力了。曾经一度，一套关于人在宇宙中身份的说法赋予建制性基督教控制人的良知和规范他们的行为的权力，而这种权力最终衰弱直至消失，原因正是人们普遍不再相信这套说法了。我们这套不稳定的、不公正的经济制度之所以能持续，不是由于壮大的资本具有力量，也不是由于宣传很有力度，或者由于通常被归诸的某种或某数种因素的综合作用，仅仅是因为一套人们思考工作机会时的说法：他们认为此种机会是被赋予的（given）。

单一地认为对自然资源投入劳动力和资本以创造财富的机会绝不是权利，而是被赋予的观念占据着人们的心智。[68]这就是我们的制度得以存活的奥妙。一旦人们不再按照此种说法来思维，制度将会瓦解。

很明显，影响制度存亡的说法的变化很少由直接的因素促成，而是往往由隐蔽的、间接的因素引发，还有环境中某些迹象推波助澜，这些迹象在事发前似乎很不相干，因此，它们的腐蚀性或者瓦解性作用很难预料。究竟造成这些变化的真正原因是什么实在无规律可循，或者常常只能被后知后觉。这些变化往往由一些平缓却坚定的力量造成，俾斯麦❶（Prince de Bismarck）深深敬畏这些力量，称其为"无法估量的事物"（imponderabilia），任何忽视或者粗鲁地撇开它们的尝试，终究将得尝由于它们介入导致无疾而终的报应。

因此，我们将浮光掠影地考察部分观念的演变史，目的在于发掘该种心理倾向，即现在人们实际上用以思考国家的那套说法的根源；然后指出该种心理现象必然导向的结论。非但不将国家视为"所有良善的、勤勉的、有教养的人共同的敌人"，人类倾向于（甚少有例外）将它视为一个至高的、不可或缺的存在，而且主体上是善意的。大众因为不谙其历史，认为国家的本质与目标

---

❶大名鼎鼎的"铁血宰相"俾斯麦，一生获得了多个尊贵的封号， "Prince de Bismarck"（Fürst von Bismarck）的头衔受封于1871年德国统一并建立德意志帝国后，该头衔仅能传承给其最年长的男性继承人。——译者注

是社会的而非反社会的。因为这种信念，人们可以目睹其官员不计其数的欺诈、谎言、诡计后，仍然对国家毕恭毕敬。人们对国家逐步窃取社会权力的行为丝毫不像对待职业罪犯组织的行为一般怀有反感与愤恨，相反，还资以鼓励和颂扬，因为相信自己与国家是一体的，因此，鼓励国家扩张就是鼓励某种自己有份分享的成就——一定程度上，他是在扩张自己。奥特加·伊·贾塞特（Ortega y Gasset）教授对这种心理状态进行了精妙的分析。他说，大众面对国家这一现象，"看到它，敬畏它，知道它巍然屹立……而且，大众在国家身上看到一种普遍性的力量，他感到自己如国家一般也具有某种普遍的维度，因此，将国家与自己视为一体。假设某国的公共生活中出现了苦难、冲突或者问题，大众必然要求国家立即干预，凭借其庞大的、不容置疑的资源立等解决问题……当个人承受任何不幸，甚至仅仅是有某种强烈需求时，国家的巨大诱惑力在于：无须费力、奋斗，无须承受不确定性和风险，只要按下国家的启动键让这个强大的机器运转就永远能得到想要的一切"。

我们现在的研究试图要揭示的正是这一态度、这一心理状态的根源，以及它支配人心后必将导致的后果。在此可以透露一下结论，由此那些无论出于何种原因不能接受我们这样的结论的读者此刻就可以得到预警，弃本书而去了。

对奥特加·伊·贾塞特教授精彩剖析的那种盲目的、坚定的甚至刚愎的态度的坚持显然正是国家生命与力量所系。更显然的是，它现在如此根深蒂固、广为流传，甚至可以说具有"普世性"，以至于没有任何奏效的途径可以克服它或者令其稍加改变，或者至少有希望能启发人摆脱对它的迷信。这种心态的衰微和根除需要难以计数的一代又一代人的经历，这是一个只能由周而复始的令人震惊的灾难教化的过程。一旦这种心态在既有的文明中形成支配地位，就如同在美国文明中，所能做的就只能是任它胡作非为直到它命定的终点。历史理论家也许觉得明确指出、清楚分析了其后果就够了，如奥特加·伊·贾塞特教授一般，因为知道此外我们做不了什么。"这一心态的后果，"他说，"注定发生。自发的社会行为将会被国家干预一再地摧毁；改变不可能成形了。[69]社会将为国家而活，人将为统治机器而活。而且，既然国家只是个机体，它的生存与维持仰赖周遭环境供应它养分，[70]因此，国家，在吸干了社会的髓油后，将不再有血肉，成为一具骷髅，待其机制衰亡后也将灭亡，这一过程比任何有机体的死亡都要可怕得多。这就是古典文明命运的嗟叹！"

2

邦联时期对政治手段的争夺

1776—1781 年的革命将十三个殖民地照原样转变为十三个自治政治单位，彼此之间完全独立，此种状况延续到 1789 年，期间形成《邦联条例》（the Articles of Confederation），将它们正式联合成为一个联盟。1781—1789 年这八年可圈点并与我们的研究相关的是对政治手段的运用并未集中于邦联，而在组成邦联的数个政治单位手中。邦联大会或者议会基本相当于各自治单位选派代表所组成的审议机构，没有征税的权力，也没有强制性权力。它不能要求自治单位为任何邦联公共事务（哪怕是战争）提供资助；它所能做的仅仅是将所需的数目分配下去，建议各单位完成配额。它在这些或者任何其他事务上不具有强制性的邦联权威；十三个组成邦联的单位的主权是完整的。

所以，这个松散的主权体联盟的机构对政治手段的支配没有任何话语资格。此种权威在这数个组成单位手中。每个单位对其领土范围有绝对管辖权，如果觉得必要可以自行划分其领土，可以贯彻它愿意建立的任何土地所有制度。[71]每个单位建立了自己的贸易规章，代表各自的利益集团针锋相对地征收关税。每个单位铸造自己的货币，自行决定货币的流通，谋求那些能有效把持当地立法机构的个人或者经济集团的利益。每个单位自行决定其补贴、特许权、补助金、经销权制度，自行参照可推动当地立法机构行动的私人利益的需要加以实行。总之，政治手段的整体运作机制是非国家性的。邦联绝非国家；因为国家不止一个，而是十三个。

因而，在每个政治单位内，战争一结束，一场普遍的争夺政治手段的斗争就会上演。绝不能忘记，每个单位内社会是流动的；所以，染指政治手段的机会对任何富有远见与决心，并志在必得的人都是开放的。因此，一茬又一茬的经济利益集团对当地立法机构施加影响，直到每个集团的经济手腕彼此掣肘、相互严格制衡。"保护"原则已经得到深入领会，其运用的广泛程度，堪比今天在国际商业中的状况，二者出于同样的目的：对国内消费者的剥削，或者说白点，抢劫。比尔德分析道，比如，纽约的议会对康涅狄格运来的木材和新泽西运来的卷心菜也征收关税，简直可以与在法国城镇门口遭遇的货物入市税（octroi）相媲美。❶

　　首要的垄断，作为其他垄断的基础的垄断，即经济地租的垄断，受到了热烈的追捧。[72]每个单位的领土涵盖了大面积的从英国所有者手中征用而来的土地，而且，英国通过1763年针对占用西部土地的禁令设置的障碍现在也被清除了。萨科斯基教授以嘲讽的口吻评论道："殖民地居民从其欧洲先辈们继承的原始的对土地的贪欲并没有被开国之父们的民主精神稀释。"确实没有！他们寻求从当地立法机构获得拨地的热情丝毫不亚于早期从斯图亚特王朝手中和从殖民地统治者手中获得特许状时的热情，土地投机的狂热与土地占有的狂热相互推波助澜。[73]对之最热衷的正是革命前就为之狂热的人，比如莫里斯兄弟（the two Morrises）、诺克斯（Knox）、皮克林（Pickering）、詹姆斯·威尔逊（James Wilson）、帕特里克·亨利（Patrick Henry）；还有那些熟悉的名字，杜尔（Duer）、宾汉（Bingham）、麦基恩（McKean）、威灵（Willing）、格林利夫

---

❶货物入市税（octroi）指的是城市对输入的日用品征收的税。——译者注

（Greenleaf）、尼克尔森（Nicholson）、亚伦·伯尔（Aaron Burr）、洛（Low）、麦科姆（Macomb）、沃兹沃斯（Wadsworth）、尼姆森（Remsen）、康斯特布尔（Constable）、皮尔庞特（Pierrepont），以及其他现今已经相对被淡忘的名字。

　　恐怕无须再梳理其他施用政治手段的手法更令人恶心之处了。前面我们爬梳的两种政治手段——关税和地租垄断——无疑已经清晰说明革命后的 8 年里人们对国家的心理倾向与态度了。为国家制造的经济优势残酷厮杀的完整故事并不令人愉悦，且与我们的研究目的关系不大。所以，我们就止于此吧，细节可以从别的书里读到。我们感兴趣的是发现在邦联存在的 8 年里，潘恩和《宣言》设立的统治原则完全被搁置。不仅自然权利与人民主权理念[74]就如杰斐逊哀悼其消失时一样被搁置，而且由之所导出的作为社会制度的政府的理念也同样被束之高阁。无人再信奉政治机构被建立是为了通过完全消极的干预"保卫这些权利"，单纯是为了守护"自由与安全"的目的。8 年邦联的历史没有任何践行了除国家以外的其他政治制度的迹象。没人对政治机构持有任何其他视角，而是仅仅以它为运用政治手段的机体，一架开足了马力随时准备势不可挡地推进此种或彼种经济利益、对其他事宜置若罔闻的机器，无论以何种方式启动，采取何种策略推进，它都将成功实现其机制发布的命令。

3

制宪会议前后对政治手段的争夺

可能需要重复一遍，虽然邦联时期国家权力集中，却未集中于邦联手中，而是在组成邦联的各单位。由于各种原因（部分原因显得振振有词），许多领袖人物，尤其是北方政治单位对这种权力分配状态不满；那些谋求通过重新分配获利的经济利益团体组成一个紧密联结的集团，最强烈地表达了重新分配的理由。很肯定的是，当时对现存权力配置的不满并非普遍现象，因为当1789年权力重新分配方案实施时，遇到了很大阻力，只能采取政变的途径，组织政变的方法如果用于政治以外的任何领域，都必然因其鲁莽、肆无忌惮、寡廉鲜耻而即刻遭到镇压。

总之，当时的情势是，美国经济利益已经分裂为两大阵营，每个阵营为其特殊利益都提出了控制政治手段的要求。一个利益阵营涵盖投机商、工商业主和债权人，以及必然与之结盟的律师、法官、神职人员和媒体。另一阵营主要包括农民、手工业者和债务人阶层。起初，这两大阵营只是在某些州里偶尔剑拔弩张，最剧烈的冲突发生于订立1780年马萨诸塞宪法条款时。[75]十三个政治单位的国家都是阶级国家，如同历史上曾上演的一样；而操控国家实施一个阶级对另一个阶级经济剥削的伎俩也延绵不绝。

《邦联条例》统治下局势还算太平。这个民族已经从革命造成的混乱和动荡中复苏了，可以预期，杰斐逊构想的一个外交事务上国家化、内政事务上则分权化的国家仍然有可能实现。❶ 对《条例》的修补很有必要，事实上，是民心所向，但是，修补并不改变或者撼动既有的整体结构。《条例》的首要问题是面临战争时和面对欠外国债权人的债务时太过孱弱。《条例》对自身的修正方式做了相关规定，正如众人都看到的，整体结构要求的修正还是十分可行的。事实上，修改的建议一经提出，就成为不二选择。

但是，整体结构本身有违第一阵营囊括的利益集团的利益。他们不满的理由显而易见。只要展望大陆的前景，无须多少想象力就可以发现，国家性结构显然更为符合他们的利益，因为这种结构能对政治手段形成更集中的控制。例如，即使不考虑与一个集中的，而不是十二个分散的制定关税的机构谈判的便捷度，任何实业家也能看到将其剥削手段推行覆盖一个由统一关税构筑的

---

❶杰斐逊的政治思想简介：杰斐逊在内政上主张一种宪政民主制，他结合了卢梭和洛克的政治思想，创造出一种联邦式的民主共和国，他十分强调民主自治，为此，必须防止限制行政与司法的权力。他认为联邦政府权力不应太过集中，而应该把国家权力尽量分散到各州的政府。（参见张明、于井尧：《西方思想史》，长春：吉林文史出版社，2006）他主张"在涉及外交事务的所有情况下我们是一个国家，而在国内事务上应该是不同的国家"。（王立新：《意识形态与美国外交政策》，北京：北京大学出版社，2007）——译者注

全国性自由贸易区所产生的巨大且重要的优势。权力越集中，可剥削的范围就越大。任何地租投机商很快就会发现将这种机会置于统一控制下的好处。[76]任何持有贬值的公共债券的投机商必然会强烈渴望建立一个令他能运用政治手段恢复债券的面值的体制。[77]任何船主或者外贸商人很快就会发现民族国家能给他们不少甜头，只要适当利用，国家可通过补贴的方式让其染指政治手段，抑或采取"外交抗议"或报复的方式支持一些暴利却属灰色地带的海盗性质的事业。

农民和债务人一般对这些谋划不感兴趣，而是强烈希望事情保持原样，或者尽力维持原样。在地方立法机构中的主导地位使他们对政治手段具有足够的控制，他们的确运用政治手段抵抗债权阶级的侵害，因此不愿失去主导的地位。如果《条例》的修订不会危及其主导地位，他们觉得无妨，但是不能容忍建立一个民族性的❶（national）[78]英国商业国家复制品，因为他们发现此种国家正是对立的利益阵营希望建立的。这一阵营希图在全国范围引进英国的经济、政治与司法制度；第二阵营的利益集团看到这将实质上改变他们所受经济剥削的程度。马萨诸塞采纳了约翰·亚当斯起草的 1780 年的地方宪法后发生的改变给他们提供活生生的反面教材。他们自然不愿意看到这种变化在全国范围实现，因此，对任何推动修改《条例》的利诱都嗤之以鼻。当 1780 年汉密尔顿反对《条例》修订方案，而是提议

---

❶指美国特色的。——译者注

召开制宪会议时，他们毫不买账；三年后他们以同样的态度对待了华盛顿写给各州长的信，其中华盛顿鼓吹建立一个强有力的中央权威的必要性。

然而最终，制宪会议得以召开，但建立在以下明确共识之上，即，首先，此次会议仅限于对《条例》进行以下修正，用汉密尔顿狡黠的表达来说是，使得《条例》"能应付国家的紧急事宜"；其次，修正必须征得十三个州的同意方能生效。总之就是，必须遵循《条例》规定的修正程序。然而，这两条共识无一得到遵守。与会人员完全由代表第一阵营经济利益的人组成。他们中的绝大部分，可能占五分之四，是公共债权人；三分之一为土地投机商；还有一些为放款人；五分之一为实业家、商人、船运商；律师也占了不少比例。他们发动了一场"政变"，将《邦联条例》丢进了垃圾桶，重新起草宪法，大胆规定只要有九个州而不是十三个州签署就生效。而且，同样胆大包天地规定，宪法无须呈交国会或者地方立法机构表决，而是直接付诸全民投票！[79]

为了保障宪法得到批准而采用的各种寡廉鲜耻的伎俩无须在此赘叙了。[80]我们不关心创制宪法过程显示的道德水平，而是试图展示他们灌输某种特定的对国家及其职能的普遍理念，以及由此培育的对国家的某种普遍态度的手法。鉴于此种目的，我们还需要关注以下事实，即，为了保证得到作为底线条件的九个州的签署，宪法草案需要遵循一些十分严苛而困难的要求。它设计的政治架构必须形式上是共和的，然而又必须能抵制格里（Gerry）戏称的"民主的滥觞"，以及伦道夫（Randolph）称作的民主的"混乱与愚蠢"。代表们的任务类似于早年构造了英国商业国家结构及其经济、政治和司法控制的整套体系的设计师们曾面临的；他们设计的结构必须表面上具有人民主权理念的精良伪装，实质上却有形无实。麦迪逊明确概括了他们的任务，他说大会的目的是"为了保障公共利益和私人权利、防范党争（即，民主性的派系斗争），同时保留人民政府的精神与形式"。

满足所有这些条件的必将是一个庞大的结构；由此产生的宪法势必是一个妥协性文件，或者引用比尔德一针见血指出的话，是"一个妥协性选择的集萃"，实际上满足不了两大阵营任何一方的要求。它的立场既不够强硬也不够明确，不可能取悦任何一方。比如，汉密尔顿领导的第一阵营的利益集团发现，此宪法不足以提供一个永久的固若金汤的地位供其持续剥削组成第二阵营的利益集团。要达到这个目的，也即，要让权力达到为实现他们的目的所需的集中程度，需要制定一些行政管理的途径，而且一旦建立就不再改变。因此，进一步的任务，用麦迪逊的话说，要在宪法的"行使"（administration）中形成一种集权的模式，以赋予组成第一阵营的利益集团自由运用政治手段的权力来保证其经济上的主导地位。

这种图谋实现了。创制后的头十年中，宪法被掌控在其制定者手里，朝着最有利于其利益的方向行使。要准确理解新建立的体制的经济倾向，以下事实怎么被关注都不为过，这就是，在这关键的十年中，"经济与政治权力的行使主要由构思和创制宪法的人把持"[81]。制宪会议的主席华盛顿被选为总统。参议院有一半成员来自制宪会议代表，众议院也主要由曾参与起草或者批准宪法的人组成。汉密尔顿、伦道夫、诺克斯，❶ 这三位推动宪法产生的功臣，占据了内阁四席位中的三席；所有的联邦法官席位，无一例外都落入对起草或者批准宪法或两者都有所贡献的人囊中。

在所有为实施新宪法采取的立法措施中，1789 年的《司法条例》最佳地保证了政治权力集中的目标迅速而稳健地实现。[82] 这一步创生了一个六人组成的联邦最高法院（后来扩展为九人），在每个州设立一个联邦的地区法院，有独立的人事和机构贯彻其法令。该《条例》通过熟悉的司法"解释权"制度（device of "intepretation"）建立了联邦对州立法的监督，凭此最高法院可以基于任何它认为违宪（unconstitutional）的原因判定州立法或者司法行为无效。此《条例》中关乎我们主题的最值得注意的特征为，它规定，所有这些联邦法官都是委任的，而非选举的，而且任期终身化。此举堪称对人民主权理念可想象

---

❶伦道夫（Edmund Jennings Randolph，1753—1813），第七任弗吉尼亚总督，第二任美国国务卿。诺克斯（Henry Knox，1750—1806），独立战争时期的炮兵司令，继华盛顿任陆军总司令，后成为美国首任战争部长。——译者注

的最彻底的背离。❶

第一任首席大法官是约翰·杰伊（John Jay），被贝弗里奇（Beveridge）在其著名的关于马歇尔的传记中称为"学富五车又温文尔雅的杰伊"（the learned and gentle Jay）。此人极其正直，他的境界绝不苟同以下默会的规则（the accepted principle）："好法官必要时可扩大其权限"（est boni judicis ampliare jurisdictionem）❷。追随者埃尔斯沃斯（Ellsworth）也采取无为而治。然而，当杰伊拒绝了再任，由约翰·马歇尔（John Marshall）继任，后者除了充分利用《司法条例》创制的对州立法与司法权的控制之外，还专横地扩张了对联邦层级的立法与行政权力的司法控制权；[83]从而实现了曾推动创制宪法的利益集团能想象的最为完备与便捷的权力集中。[84]

从以上简要的梳理中，我们现在可以看到，那种培植了特定的对国家的理念（此种理念深深嵌入普通民众的意识中）的土壤是什么，对其无论怎么大书特书都不为过。此种理念既盛行于制宪之后，也盛行于我们梳理的两个时期——殖民地时期和革命后

---

❶1789年的《司法条例》规定，联邦最高法院对合众国条约是否有效、州法是否符合联邦宪法与法律，以及如何解释联邦宪法、法律与条约等问题具有最终裁判权。（参见张千帆：《司法地方保护主义的防治机制》，来自于"爱思想"网张千帆专栏）——译者注

❷对应英文基本为：It is the duty of a judge, when requisite, to extend the limits of his jurisdiction。参见：Alexander M. Burrill. *A Law Dictionary and Glossary*. New York：Baker, Voorhis & Co., Law Publishers, 1867, 215）——译者注

的八年邦联时期。在制宪之后的历史进程中找不到丝毫《宣言》倡导的自然权利理念的痕迹；而人民主权的理念，则可以看到不仅被持续搁置，甚至被宪法永远尘封了。我们找不到任何《宣言》倡导的"政府"理念的踪影；相反，我们看到这些理念被明确抛弃了。新的政治架构是被废除的旧的英国国家形态的忠实模拟，只是被改进与强化以实现无与伦比的紧密合作与高效，因此展现出更诱人的掠夺与控制的能力。由此，可以看到，迄今盛行的那种关于国家的普遍观念更深入人心，就是那种认为国家是运用政治手段的机构，是一个随时用以扶持某类经济利益剥夺其他的蛮横而专制的机构的理念。

<h1 style="text-align:center">4</h1>

<h2 style="text-align:center">政党体制对国家迷信的营销</h2>

这种观念还衍生出了我们知道的政治运作中的"政党体制"，这一体制运作至今。对于我们的阐述，不需要仔细梳理美国政党制的历史就足以证明这一体制从起头就是纯粹的两党制，因为这点现在已经广为接受。在其总统第二次任期内杰斐逊发现了两党制的苗头，[85]他对此既沮丧又惶惑。我在别处[86]分析过他为什么不能理解集中的公共劫掠权力为何必然导向两党制。1823 年，发现一部分自称为"共和主义者"的人支持联邦党人的权力集中政策时，他满腹疑惑地称他们为"共和主义形外，联邦主义实内"。

但是，通常，任何窥见通过政治手段发现牟利机会的共和党人都会一方面坚持保留这个名号，与此同时却抵制党内任何企图损害提供这种机会的体制的倾向。[87] 由此，两党制兴起。党派名称完全变成了个名头，双方争论的问题变得越来越琐碎。两党制越来越公开地追逐的目标就是如何防止双方追求目标其实一致，这个秘密被窥破。

因此，政党制度实际上只是一个精心打造的偶像，为了把这个偶像做得尽可能勾魂，首先得将之塑造得是为宪法量身定制，表现得似"宪法显灵"。制宪后的历史，从 1789 年至今，是一部颇具启发性但又令人慨叹的戏剧，展示了这类偶像遭遇党派政治的唯一真正宗旨——开放染指政治手段的途径——时的命运。例如，当"严格解释"（strict construction）的原则遭遇这一宗旨时，总是被弃若敝屣，打着这个旗号的那方不过为了夺回权力。1800年，反联邦党人（anti–Federalist）通过主张"严格解释"原则获胜，但是一旦就职，便开始玩弄宪法，为所代表的特殊经济利益集团谋求好处。[88] 联邦党人名义上抱持"宽泛解释"（loose construction）原则，然而他们严防死守反对派任何贯彻"宽泛解释"原则的措施：封港令、保护性关税和国有银行。正如我们看到的，他们的底色是宪法国家主义者（constitutional nationalists）。然而在其党派大本营新英格兰，他们却面临农村分裂的威胁，此事发生于他们刻薄地称为"麦迪逊的战争"（即 1812 年的战争）的时期，这场战争事实上纯粹是在吞并了佛罗里达和加拿大的土地后的一场帝国式冒险，代表农业阶级对政治手段的把持；但是，当1861年南方的种植园主利益集团引发同样的威胁时，他们又变成了狂热的国家主义者。❶

党派政治的历史就是一场偶像化的盛剧，其中赤裸裸的手法不断嘲弄着政治的所谓原则。民主党对州主权和严格解释两条传统原则时的态度将党派政治的表里不一表现得无以复加（难以想象更矛盾的态度）。然而，堪与之媲美的是某日那位政治立场为共和党人的纽约市长在对一群进出口利益集团的演讲中提倡本为民主党传统的低关税理念！

统观整个制宪后的时期，据我所知，没有一个党派坚持了某种特定的原则，甚至准原则，某种政治理论，哪怕准理论。事实上，针砭此主题的讽刺画显示了以下印象已经广为流行：政党体系，充斥着那套关于议题的空话，纯粹是欺世盗名的手法，竞选宣言不过是谎言的别称。政治的日常运作从来是机会主义的，或

---

❶"严格解释"（strict construction）：宪法文本分析又称为"文本主义"（textualism），是指学者和法官根据宪法文本自身的字词推知宪法含义，利用宪法文本的形式要素分析实质意义上的宪法内涵或者宪法含义的过程。（参见郑贤君：《宪法文本分析：一种解释方法》，《法律科学》，2008.2）"宽泛解释"（loose construction）：汉密尔顿最早提出"暗含权力论"和"宽泛解释论"，认为宪法授予政府的每一项权力中，就包含了使用一切必要手段的权力，即，暗含的权力，它与明示的权力一样有效。他也指出，同时，必须宽泛解释宪法，才能使政府在应付复杂的行政事务中坚强有力，否则会作茧自缚。汉密尔顿的宽泛解释论被马歇尔法官加以继承和发展，以后在最高法院的判例中被反复使用。（参见丁建峰：《汉密尔顿政治、法律和经济思想的历史考察》，北京师范大学硕士学位论文，2005年）——译者注

者换句话说，从来只遵从国家的首要功能。这造成国家行政部门的职位对那些地位卑微、对权力饥渴的人具有强烈的吸引力。[89]

然而，这种偶像化体系的维持大大推广了某种关于国家的普遍观念。这一观念为国家被赋予深切且无私地遵循伟大的行动准则的形象。因此，它不仅为自己披上了伪社会机构的外衣，而且打造了作为某种道德权威的形象，随后通过将坚持自然权利原则丑化为墨守成规而彻底加以抛弃；最终，成功论证：唯国家命令是正当的。国家的以上两重形象被许多机构殷勤地加以鼓吹；被国家控制的教育体系灌输，被拜倒在国家脚下的神职人员宣讲，被溜须拍马的媒体粉饰，被持续且变幻的国家庆典、华服和典仪强化，被数不胜数的各种选举活动加以煽风点火。而且，这些手法总是采取占据某种道德制高点的策略，比如，现在举国上演的哭天抢地地呼吁"回到宪法"的闹剧。这些都不过是"居心叵测的哭闹和运筹"而已，想想宪法产生尚不足五年，这样的论调不过无病呻吟。费舍·亚美斯（Fisher Ames）鄙夷地评论道，所有当时提交立法审议中的措施和议案，基本没有不发出这种噪音的，"甚至连休会的提议也如此"。

事实上，竞选游说时说的那些流行的术语常常就是杰里米·边沁所说的"忽悠型术语"，其使用常常标志着，也仅仅标志着一点：恐惧，无论实际情况下是出于害怕失去或期望得到把控运用政治手段的途径。正如现在我们看到的，一旦此种途径遭到限制或者取消，受到威胁的利益集团马上抛出蹩脚而拙劣的惯用伎俩：

主张"州的权利"或者"回到宪法",而且通过哗众取宠的方式推进。首先我们以剥削为例看看说辞的转换:一种"居心叵测的哭闹和运筹"声称"民主"受到威胁,我们的文明之所以能如此出类拔萃完全是因为通过自由竞争的方式贯彻"朴实的个人主义"(rugged individualism)❶政策;与此同时另一种说辞则称,"放任主义"(laissez – faire)的罪恶制度造成了贫困,并且阻止了人们获得"丰盛的生命"(the More Abundant Life)❷。[90]

　　这些闹剧产生的结果往往就是,不论流派与级别,各位政治家都表现得像不肖子一般下流堕落;像那些滋扰铁路调车场和煤气制造厂的松散帮派一般,每个帮派试图掩对方的耳目以求通过违法顺走更多赃物。换句话说,我们发现他们的行为十分遵从"传统"。拉斯基教授对国家与官场所做的详尽的道德区分实在站不住脚。国家并非像他所说的,是一个以反社会的方式运作的社会性机构。它就是反社会机构,以反社会机构必然采取的方式运作着,由本质上最适合这种运作的人掌控。

---

❶"朴实的个人主义"(rugged individualism)来自于美国总统赫伯特·胡佛的竞选演讲,其中称赞美国的个人主义为"朴实的个人主义",用以指称当时美国盛行的自由经营、有限管辖的个人自由,往往意味着最低限度的国家干预。(参见[英]戴维·米勒、韦农·波格丹诺编,邓正来译:《布莱克维尔政治学百科全书》,353—354)——译者注

❷"丰盛的生命"(Abundant Life)为基督教专有术语,取自圣经《约翰福音》10:10b "I am come that they might have life, and that they might have it more abundantly." "我来了是要叫羊得生命,并且得的更丰盛。"——译者注

VI　国家迷信的根源与结局

1

衡量国家的道德标准的衰退

　　前几章阐述了人类从一开始的经历，分析了那些以严格统一的释义引导我们形成国家观念的术语。这种统一性也解释了关于国家的道德标准的某种沦丧，正如中世纪曾十分普遍的关于教会的道德要求的滑坡一般。[91]教会控制着某些特权与豁免权的分配，如果适当讨好它，就可能得到这些好处。它就像某种属世或属灵的紧急状况下救急的用具，既满足人们的任何野心与贪婪，也提供更为精细的保障以抵抗种种恐惧、疑惑和悲伤。只要满足这些条件，它的自我扩张带来的种种异化会得到心安理得的默许。由之发展出一种慢性的道德败坏（这种心态非常有害，绝不仅仅是"玩世不恭"而已），对其干预与勒索，对其机构的膨胀都姑息养奸。[92]

相似的，关于国家的道德败坏盛行于我们的社会，原因如出一辙。它尤其影响了那些听信国家的宣传，视它为一个社会性机构，认为它持续的干预是合理且必要的人；也影响了大部分对国家没有清晰看法、仅仅接受既存观念、从不反思这些观念直至其干预有违自身利益的人。无须深究就能看出该种状况对国家的自我扩张如何推波助澜，无须详述或者举例说明就能发现这种麻木如何推动了国家持续的干预、鱼肉百姓和机构膨胀。[93]

每次国家的干预为下次埋下伏笔，而下次又预示着下下次，长此以往，无限累加；国家随时准备且热切渴望实施干预，常常蠢蠢欲动，通过怂恿有利害关系的群体设法为干预铺路。有时，争议的事情本质上很简单，是社会生活的一部分，完全无需政治干预。[94]然而，为了方便，机杼造物被创生；不久有人发现它们可供剥削，于是试图剥削；这种事物被相继发明，直到利益的竞争与冲突导致多少全面性的失序。这种失序一爆发，合乎逻辑的处理方式是回退，以更为缓慢和麻烦但唯一有效的方式，即借助自然法则的运转。但是，在这种情况下，回退从未被考虑过；此种建议将被仅仅视为疯狂之举而遭否定；相反，受损的利益集团，也许因为鲜有意识到干预的治疗方案比疾病本身可怕多少倍，或者根本不在乎这种后果，立即请求国家强行介入这种因果链条，即刻收拾乱局。[95]国家的介入，在原有的机巧造物上再增加一套；新设的机巧造物又被发现是可供剥削的，另一种需求兴起，继而在原有的两套机巧造物上又增加一套更为盘根错节的；[96]类似事件不断重演，直到周期性的失调演变到极其剧烈，为糊弄人的政治冒险家兴起铺就道路，他们常常声称政变"势在必行，这往往是暴君的借口"。[97]

然而，更通常的是，普遍的争议肇始于国家干预，开启政治手段的分配。正如我们看到的，任何这种分配都意味着取得"拦路抢劫"的特权，即，取得无补偿地占有别人劳动成果的许可证。因此，本质上，一旦颁发了此种许可证，国家就得跟进，不断介入以确保其使用系统化和"规范化"。国家连续的循序渐进的侵蚀记载于关税史中，其中反映出的国家无耻和令人厌恶的特性，以及为了关税体制的运作而设置的机构数量之惊人，都是突出的例证。另一个例证是我们的铁路法规发展史。现今，即使在受过更好教育的人群中，也流行让"朴实的个人主义"和"放任主义"（laissez–faire）为内战后盛行于铁路行业的股票掺水、拿回扣、减价、破产欺诈等诸如此类的行为负责的言论，但实际上，说它们需要为这些问题负责与说它们需要为岁差负责一样荒唐。事实上，我们的铁路的增长不符合任何实际的经济需求，这点鲜有例外。他们是由国家干预扶持的、通过拨地与补贴形式实现政治手段的分配的投机性行业；指控我们铁路行业的所有罪状，无一不可直接追溯到这两种主要的干涉。[98]

运输业也如此。没有对运输业投资的有效经济需求；事实上，理性的经济规划都绝不会染指该项业务。但凡有涉足的都是国家干涉的结果，受造船商和他们的利益同盟的挑唆；他们操纵政治手段造成的乱局现在引起越来越深度的强制性干预的需求。所谓农业（实际上得昧着良心扩展农业一词的范围才能囊括）情况也是如此。[99] 大家对通常困扰企业的诸种问题耳熟能详，却很少将之归诸国家干预这一罪魁祸首上，国家建立土地所有制度，赋予部分人对土地的使用价值与地租价值的垄断权力，此种制度一旦实施，就会要求一次又一次的强制性干预巩固它。[100]

2

国家迷信的精神根源

至此，我们看到，对国家本质的无知与幻想如何与极度的道德贫弱和短视自利［即欧内斯特·勒南（Ernest Renan）精辟概括的"以共同利益为基础"（*la bassesse de l'homme intéressé*)］结合，使得自政治独立以来，社会权力稳健而快速地被国家攫取。这是一种值得探究的异化。国家权力留下了确凿的证据证明它不可能高效、节约、公正或者诚实地行动；然而，只要对社会权力的运作有丁点不满，人们立即请求这个最无能给予帮助的主体出手。社会权力不是偶尔对储蓄业务管理不力吗？让国家来吧，尽管这个国家从来不可避免其财政迅速陷入渎职、浪费、腐败的泥沼，但还是让国家干预、"监督"或"规范"整个储蓄业务吧，或者干脆彻底让国家接管吧。社会权力不是偶然弄砸了铁路管理业务吗？让国家来吧，尽管它搞砸了经手的任何业务，还是让国家干预、插手和"规范"铁路运营吧。社会权力不是偶尔放出不适合航海的船只从而引发海难吗？让国家来吧，尽管莫罗城堡号（Morro Castle）客轮就是国家检查和放行的，但还是赋予国家更大自由裁量权，让它控制运输贸易工作吧。社会权力不是四处开展对发电和配送的令人难以忍受的垄断吗？让国家来吧，尽管国家就是专司分配和维护垄断权的，还是让它插手干预，实施一个普遍的定价计划，虽然这一计划所产生的无法预见的麻烦将会比其解决的还要多，或者干脆放手让电价进入直接的市场竞争，或者，如集体主义者要求的，干脆让国家自己接管垄断这个业务得了。赫伯特·斯宾塞说过："社会一旦存在，失望的声音就从未绝于耳，'绝不要相信立法结构'；然而，对立法结构的信任似乎很难根除。"

也许有人会问，那么我们应该向谁寻求帮助解决社会权力的误用问题，如果不向国家伸手的话，我们还有别的资源吗？得承认在现存的政治结构下，没有其他资源，但也必须指出，这种发问本身隐含了旧有的对国家本质的误解，假设国家是社会机构，其实本质上国家是反社会的；也即，这种发问本身就是自相矛盾的。[101]毫无疑问，"政府"旨在维护"自由与安全"，"保护各项权利"，它可以无成本地、简便和非正式地实现正义；然而国家，恰恰相反，主要宗旨是维护不正义，其功能主要是维持某种不公正的体制。因此，正如我们日常所见的，它的本性是尽可能让正义难以实现，让追求正义的成本和难度尽可能高。可以总结为，"政府"本性上致力于正义的实现，然而国家本性上关注法律的贯彻，所谓法律，是国家自己创制出来用于图谋自己的主要目的的。因此，任何通过国家追求正义的打算都肯定会落空，[102] 因为无论国家采取何种应对措施，都受其自身的主要利益决定，因此，正如我们看到，其行为恒常引发的不正义程度至少与其佯装纠正的同等，或者常常更深。简而言之，问题在于，人们总假设这国家偶尔也能被劝导不按本性行事，这难道不是异想天开吗！

从一个更普遍的视角继续深入剖析人们对这个问题所持有的观点，就会发现，它实质上是希图对自然秩序横加干涉，粗暴干预阻挠自然对任何形式的错误施以的惩罚，无论错误是出于任性还是无知、是自愿还是非自愿，这种企图无不最终付出远多于错误本身的代价。违背自然法则、篡改事物的自然秩序必有后果，试图逃避相应后果的努力必然会引发更为严重的后果。自然不管意图，无论良善还是邪恶；自然绝不姑息混乱，它必然会以牙还牙地报应任何试图干扰秩序的行为。她有时通过十分间接的方式，常常通过迂回的、不可预见的方式报应，但是她的报应绝不会落空。"事物和行为存在了，就必结出它们的果；那么，为什么我们总喜欢自欺欺人呢？"似乎我们的文明深陷这种幼稚的成瘾性不能自拔，它竭力说服自己相信能找到某种途径避开自然的惩罚，能找到某种方法达到鱼与熊掌兼得；它对不存在这种途径的严酷真相十分愤恨。[103]

对于任何勤于仔细思考事情真相的人来说十分明显的是，在自然秩序结构之下，即，在"政府"治下，不对个人进行任何积极的干预，只代表朴素正义（注意，不是代表法律，而是代表正义）实施消极性干预，由此，社会权力的误用得到有效纠正。然而，难以计数的经验教训告诉我们，国家的积极干预绝不能纠正社会权力的误用。若采取真正的个人主义、自由竞争和自由放任的体制（虽然我们已经看到，此种体制与国家是不可能共存的），则，社会权力严重的或者持续的误用根本不可能。[104]

但我还是不要大费口舌宣传这种论调，因为一方面，斯宾塞已经在其名为《人与国家之争》（*The Man versus the State*）的论文中大书特书了；另一方面，我恰恰十分想避免被误解为这种论调所设想的体制辩护，或者我隐秘地鼓动大家耽于对此种体制的幻想。也许，如果地球资源永远应有尽有，因征服和征用获取的利益将被评判为太过昂贵。因此，国家被"政府"取代，政治手段被压制，而赋予国家主义和爱国主义现在的可憎特质的那些偶像也许被摧毁。然而，这种展望遥远而不确定，显得虚无缥缈，对它的惦念显得徒劳。估量一下妨碍这种展望实现的因素如何不断壮大就能明白它是多么遥不可及。国家影响力的增强深化了对它的无知与谬见，这无疑不利于展望的实现；对所谓的共同利益的追求越来越卑鄙，也不利于这种展望；道德贫弱，演变到彻底麻木不仁的程度，更不利于这一展望。还可以想象比这三种因素的复合更大的影响力量吗？而面对这一复合体我们还能做点什么？

以上这几种因素都可称为精神力量，它们得到国家无与伦比的实体力量支持，后者令国家随时准备扑灭任何胆敢挑战国家威名的尝试。少有人认识到，近些年国家在四处建立起来的军事机构与警察力量多么庞大，其建成速度多么快。国家深谙塞维鲁（Septimius Severus）死前在病榻上留下的教训。"兄弟齐心，"他对继任者说，"犒赏士兵，如此再无可虑。"❶ 现在有识之士们都明白，只要遵循这一建议，革命绝不可能发生。事实上，现代世界从 1848 年之后就再也没有革命发生了，其中每次所谓的革命其实是政变而已。[105] 那些常常宣称美国有爆发革命可能的警示，部分是由于无知，更主要是因为不诚实；这种警示只不过是别有用心的人"居心叵测的哭闹与运筹"（the interested clamours and sophistry）而已。列宁都承认，若军队和警察力量没有动员起来，革命在任何地方都是不可能的。所以，美国是最不可能发生革命的。我们看到了未武装的民众的抗议，看到了操着简陋的武器的地方起义，也看到了他们的结局如何，比如霍姆斯特德（Homestead）、芝加哥和西弗吉尼亚矿区的起义，等等。而"柯克西进军"（Coxey's Army）向华盛顿进军，却动不了华盛顿一个指头。❷

想想国家巨大的实体力量（physical strength）和这背后强大的精神力量，不得不再次问：如何能抵挡国家自我扩张的进程？直说吧，不能。有识之士不会怂恿任何一厢情愿、不可能实现的想法，他将仅仅道出无能为力这一事实。他看我们文明的进程如

---

❶塞维鲁（Septimius Severus，145—211），罗马塞维鲁王朝的开创者。——译者注
❷"柯克西进军"（Coxey's Army）发生的背景是美国 1893 年危机，正是民主党分裂时期。（参见丁则民主编：《美国通史》第三卷，196—197）——译者注

同看某人在尼亚加拉下游划艇，即，都面临自然不可违抗的对失序的零容忍，试图干扰自然秩序但终将获报应。无论我们的文明在开端时出于懵懂还是深思熟虑选择了国家主义的潮流，都毫无区别。自然不在乎所谓意图或者目的，只在乎秩序，只确保她自己对失序的不容忍得到贯彻，她设定的事务的日常秩序终得声张。艾默生（Emerson）某一刻富有灵感地将因果秩序拟人化为"上帝的总理大臣"。经验恒常证明，任何试图取消、绕开或者自作聪明搅乱此序列的企图都会受到报应。

"这，"奥特加·伊·贾塞特教授说，"就是古典文明令人喟叹的命运。"十二个帝国早已相继演绎了我们这个帝国三百年前开始的进程。而今唯有狮子与蜥蜴守护着见证他们曾存在于地球的遗迹，这些城市的残垣断壁当时也曾巍峨、宏伟，如我们的达莫（Tadmor）、波斯波利斯（Persepolis）、卢克索（Luxor）、巴勒贝克（Baalbek）这些古城一样。它们有些已经被遗忘了数千年，直到被挖掘出土，就如玛雅古城和那些被埋在戈壁滩的沙漠下的古城一般。❶ 今天，纳博纳（Narbonne）和马赛（Marseilles）所在地

---

❶达莫（Tadmor）：所罗门建造在旷野里的城，参见《旧约·历代志下》8 章 4 节：所罗门建造旷野里的达莫，又建造哈马所有的积货城。波斯波利斯（Persepolis）：古建筑群，又名"贾姆希德宝座"，阿契美尼德王朝四大都城之一，波斯帝国国王每年春节在此接受属国的朝贺。宫殿遗址位于伊朗法尔斯省省会设拉子东北 56 公里玛律瓦达实特平原尽头，背靠扎格罗斯山脉的拉赫马特山。卢克索（Luxor）：埃及卢克索阿蒙神庙，位于埃及底比斯城尼罗河东岸。阿门霍特普三世为祭拜阿蒙－卡穆特夫（Amun－Kamutef）所建。巴勒贝克（Baalbek）：在今黎巴嫩境内。1892 年德国考古学家发掘出的古罗马时期遗址，有神殿、古城墙等。——译者注

曾孕育了前后四个文明，它们中的每一个，引用圣雅各（St. James）的表达，如沙漠中的热气一般，霎时就消失不见了。● 所有这些文明有着相同的命运。征服、征用、国家兴起；其后就如我们在追溯自身文明的演变中发掘出的事件序列一般演变；然后，当外敌突然入侵时，社会结构已经十分虚弱，无法抵抗了，侵略过后社会完全失序了，再也无法恢复，由此，文明走到终点。

我们的傲慢令我们反感想象有一天新英格兰宽阔的公路将深埋于肆掠蔓延的植被之下，就如旧英格兰那更为坚实的罗马大道数代以来所经历的。届时，唯有绵延起伏的小山丘存留矗立，吸引考古学家们开发坍塌的摩天大楼被埋没的遗址。然而，我们知道，我们的文明正走向这一结局；我们能预见到，因为知道自然之中从未、现在根本未、将来也绝不会失序，因为知道事物和行为存在了，就必结出它们的果。

然而没有必要因如此久远的将来可能发生的状况流连于悲哀中。距离我们更近的后代与我们将见证集体主义稳步迈向某种残酷的军事专制的进程。越来越集中的权力，稳步扩展的官僚体系，国家权力与对国家的权力的信奉持续增长，社会权力与对社会权力的信奉相应持续衰退，国家越来越汲取更大份额的国家收入，生产凋零，促使国家接管一个又一个"重点行业"（essential industry），管理中腐败、无效与浪费日益严重，最终仰赖强迫劳

● 参见《雅各书》1：11。——译者注

役制度（a system of forced labour）。❶ 在这一过程中的某些时候，国家利益的冲突，至少会与1914年发生的那场冲突一般普遍和激烈，将引起工业和金融业混乱，这种混乱太过严重，并非孱弱的社会结构能够承受。如此，国家将只剩下一个"苟延残喘的躯壳"，若遭遇某股偶然的但是瓦解性的力量，便如摧枯拉朽了。

3

致"多余的人"

但是有人会问，如果与西方世界的其他国家一样，我们也受国家主义荼毒太深以至于这种悲剧后果无法避免，那么，写本书仅仅阐明这种不可避免的命运又有什么意义呢？从本书的假定将得出它没有用处的结论。从本书所给出的论证来看，它不能令人改变其政治观点，也无法扭转人对国家的实际态度。既然如此，

---

❶强迫劳役制度（a system of forced labour）：指的是苏联的强迫劳动制度，如"古拉格"强迫劳动营。十月革命胜利后，在国内动荡局势和国际武装干涉的双重压力下，新生的苏维埃政权立即展开了大规模的镇压行动，逮捕了资产阶级临时政府成员及其他反对新政权的阶级敌人，包括大资产阶级、地主、工厂主、牧师、自卫军官等。并将这些人关进集中营，强迫他们在警卫队的看管下劳动。随着镇压规模不断扩大，将政治反对派及其他类型的犯人关入集中营、强迫他们劳动，逐渐成为苏联惩戒制度独有的特征。在工业化和农业集体化运动中，成千上万人被关入集中营，成为苏联经济建设中不容忽视的劳动力大军，强迫劳役成了当时主要的劳动力使用方式之一。（张雪峰：《浅析二战后西方国家反对苏联强迫劳役制度问题》，《西伯利亚研究》，2010. 4）——译者注

依据本书的前提，它能有何益处？

我完全不期望本书能改变任何人的政治观点，因为它意不在此。也许偶尔有那么一两个人会有所启发，在他们自己的作品中深入探讨本书的主题，也许由此他们的看法会有所扭转，或者会变得更固执，然而，这就是可以预见的最大的影响了。总之，我毫不掩饰，这种写作形式的书产生不了任何我们称为实际性的效应，即使比本书的论证再有力一百倍，也无法阻止国家扩展的进程、改变国家的路径。然而，有两点理由支撑出版这样的书是必要的，一点一般性的，一点具体的。

一般性的理由为，如果在任何思想领域任何人有某种清晰明了的关于事物秩序的见解，或者他觉得他有，都应该公开写下此种见解，不要考虑实际后果将如何，或者担心他的见解产生不了任何影响。他应该认为，自己必须如此做，是出于理论上的责任；而非为推销或营销自身的见解，或者试图将其强加于人。绝不要这样！他丝毫不应该考虑是能被接受或被否决，而仅仅是记录下它。这，照我说，就是他对于事物的自然真理的义务，而且是他的天然权利。因此，出版此类书是合理的。

具体原因关乎此事实：每个文明中，无论普遍人群何等庸庸碌碌，或者沉溺于对人类事务的各种流俗的看法，总有些许精神迥异的异类，他们表面上遵从处身的文明的要求，却仍保持了对清晰明了的事物法则的无私的热爱，无论实际后果如何。他们渴望探索，又偶尔感怀自然威严的秩序；他们深受自然秩序的种种沉思的吸引，想要尽可能了解，即使实际处境中自然秩序的贯彻明显将无助于其最热切的希望与心愿实现。对于这些人，一本这样的书，无论当时显得多么不切实际，也并非毫无用处；那些接触到该书的人会意识到，这本书是为他们这样的人，也仅仅为他们这样的人而作。

注　释

I

[1] 1935 年 7 月发布的一项问卷调查的反馈结果显示，76.8% 的人赞成国家有责任确保任何想工作的人能得到一份工作；20.1% 反对；3.1% 不能确定。

[2] 在这儿，国家正在负责制造家具、磨面粉、生产肥料、建房子、卖农产品，销售奶制品、纺织品、罐头食品、电子仪器，经营就业中介公司、家庭贷款营业处，还资助出口与进口、贴补农业，等等；也控制着债券发行、有线和无线通信、贴现率、油生产、发电、商业竞争、酒类生产与销售、内陆水路和铁路的使用，等等。

[3] 罗马历史上已有类似先例，如果关于这个事件的细节描述无误的话。说的是军队将皇位以相当于 500 万美元的价格卖给了狄第乌斯·犹利安（Didius Julianus）。钱财在政变中通常用于贿赂，我认为，明面上购买却未有耳闻，除了这两个例子。

[4] 就在我写作进行到此处的当天，报纸报道，总统将下令停止联邦对路易斯安那州救济金的拨款，以迫使参议员龙（Long）就范。然而，我没有看到任何关于此程序是否正当的讨论。

［5］一个经营剧院的朋友告诉我，从票房来看，华盛顿目前是美国最佳的剧院之都、音乐会之都、各种娱乐场所之都，这些场所的生意比设在纽约的好多了。

［6］即将来临的 1936 年选举中将会令有思想的人饶有兴趣的亮点是 40 亿美元的救助金的使用问题，此笔资金已经置于总统权下，重点是，它将如何通过资助的形式分配。

［7］但是，始终要记住，这些变化既有涨落形式的也有波动形式的，其中波动相对不那么重要。比如，高等法院宣布《国家复苏法案》无效对于个人独裁政府体制的实际地位毫无触动。真正的问题不在于现在个人独裁政府体制的整体规模比此判例前小了多少，而在于它的规模现在实质上已经比 1932 年及此前的年代扩张了多少。

［8］例如，宣布《国家复苏法案》无效的"壮举"。

［9］这本书是在汇集针对学习美国历史与政治课程的学生（主要是研究生）的讲座的摘要或者大纲的基础上形成的，因此它假设读者对这些主题已经具有一些基础。同时，我所给出的少数几本参考书将对读者熟悉资料、扩展对这一主题的知识有所帮助。

［10］这种蚕食到底达到何种程度，可以从美国税收所得竟达国库总收入的三分之一这一事实略见一斑。这一数据涵盖各种形式的税收，直接和间接的、地方和联邦的。

Ⅱ

[11] 潘恩当然明了这点。他曾说:"一个法国混蛋,纠集一群武装匪徒一同登陆,违背当地人意志宣布自己为英格兰国王,此种行为显而易见是卑鄙、可耻而且原创性的。"然而他未能继续深入探究这一观点,尽管他要达成自己的目的本应深入。

[12] 在《人的权利》一书中,潘恩如在《独立宣言》里一般明确地提出了这一原则;在其册子(《常识》)中的数处,他宣称所有的公民权利都来源于自然权利,从自然权利引申而得。

[13] 这部分思想受格拉茨的龚普洛维奇(Gumplowicz)教授和其后的法兰克福的政治学教授奥本海默(Oppenheimer)的启发。这些"伽利略"(Galileos)的发现太有损于国家在各处为自己树立起来的声望,所以,一般的学术权威都对其讳莫如深,更愿与之保持充分距离;但是,从长远看来,这也难阻其势。令人尊敬的、卓越的例外体现在费尔康特(Vierkandt)、威廉·冯特(Wilhelm Wundt)和可敬的德国经济学研究的泰斗阿道夫·瓦格纳(Adolf Wagner)身上。

[14] 一个以现代技巧包装此种原始伎俩的典型例子是新建立的"满洲国",另一个值得一提的是意大利在衣索比亚(Ethiopia)的实践。

[15] 这一结论所基于的数据很有意思。奥本海默在其著作《论国家》(*Der Staat*)的第一章列举分析了这一系列国家,并且在其另一本著作

《简明政治经济学理论》(*Theorie der Reinen und Politischen Oekonomie*) 对之进行了详尽分析。

[16] 当然，除非通过国有土地制度抢先占有土地，然而，仅仅占有土地对于游猎部落并不足以作为动力。研究罗德岛的历史学家比克内尔 (Bicknell) 称，与印第安人签订合约的麻烦在于他们根本没有国家所有土地制度的概念，因为他们从未如此实践；他们的理解是，白人被允许共同使用其享用的土地。然而有意思的是，西北部的渔民部落定居下来建立了国家。定居使得经济剥削可行也有利可图，他们因此借助征服与剥夺来实现经济剥削。

[17] 令人奇怪的是，某些小而贫弱的民族在国家利益的剧烈争端中竟然能保全完卵这一现象很少得到关注。例如，在近期的战争中，瑞士因为没有可供窃取的资源，竟未受任何劫掠或侵扰。

[18] 马克思著作中关于殖民的章节此处值得一提，尤其是他观察到，只有对土地的征用发生经济剥削才是可行的。此处，他与一系列的基础经济学家，如从杜尔哥 (Turgôt)、富兰克林 (Franklin) 和约翰·泰勒 (John Taylor) 到西奥多·何慈卡 (Theodor Hertzka)、亨利·乔治 (Henry George) 等不谋而合。然而，马克思显然没有意识到他的观察给自己留下了一个有待解决的问题，因为他除了记录事实外没有深究。

[19] 约翰·布莱特 (John Bright) 曾说，他曾听闻英国议会做过善事，但是从未听说它是因为善本身而做善事的。

[20]《沉思录》第一卷。

[21] 在美国，某些对社会十分重要的领域面临的状况成为这一进程的又一突出案例。国家的积极干预对社会权力的汲取如此严重以致据说社会权力在这些领域的运作竟然濒临不可行的境地。在意大利，国家现在已经吸走了全部国民收入的50%。它似乎不仅仅停留在对其悠远历史的缅怀，更有重演之势，因为在2世纪末时其社会权力曾绝大部分被国家权力吸走，以致双方都无法再作为，因为余剩的社会权力甚至不足以支付国家的账单了。

[22] 我们应该感到羞耻的是，19世纪美国并未产生学术上令人尊敬的、全面批判国家对社会权力的逐步掠夺的作品，这样的作品必须具有翔实的史料与坚实的理论。仅仅停留于兜售"朴实的个人主义"（rugged individualism）和恼人的关于宪法的夸夸其谈显得华而不实且寡廉鲜耻，令人鄙视。而且，最终，集体主义在理论上轻易取胜，这种后果目前已经显明。集体主义甚至已经成功地将其定义得极不严谨的术语灌输给了我们；例如，我们都称自己的经济体系为"资本主义的"，虽然从未形成过一个体系，也无法想象一个非资本主义的体系。相对而言，英国集体主义在与莱基（Lecky）、白芝浩（Bagehot）、赫胥黎教授（Professor Huxley）和赫伯特·斯宾塞争锋中，代价沉重。无论英国已经或者即将对集体主义采取何种措施，至少它竭尽所能去清晰了解集体主义的后果，我们却没有。

[23] 昨天我经过国家权力组织修筑的一条新路的一小段时，发现其修建竟牵涉我们官僚体系若按首字母排列的话从头至尾的所有部门，耗资87，348.56美元。如果社会组织力量修筑，仅需耗费38，668.02美

元（以竞标中合约商的数据为例），粗略估计，其中相差整整一倍！

[24] 我读到的所有关于瓦德线（the Ward Line）公司❶最近遭遇的数次海难的新闻评论就得出了此种建议！

[25] 我们最近经历的禁酒令被认为表明这种信念多么愚蠢，然而，实际上毫无起色。

[26] 这点由西班牙哲学家奥特加·伊·加塞特在其著作《大众的反抗》（*The Revolt of the Masses*）（英文版）的第十三章中加以充分讨论，其中他坦率地指出，国家迅速吸干社会权力是"当今文明的最大威胁"。他也一针见血地指出经济成分多元的第三阶级接手国家机器后我们能期待什么，正如商人阶级曾从贵族手中接管时那样。对我们这个国家现今正在发生的事能做出的预测莫过于"大众的确相信自己是国家的主人，他会越来越倾向于保障国家机器有效运转，不管假以何种托词，坚决镇压任何离经叛道、干扰国家运作的少数人，只要他们造成任何干扰，不管是在政治上、思想上还是经济上"。

[27] 奥本海默：《论国家》第一章。服务当然也属于经济交换的一种。

[28] 在美国，当无法剥削土著猎人时，受益者们，如弗吉尼亚公司、

---

❶瓦德线全名为纽约及古巴邮政蒸汽机船公司（the New York and Cuba Mail Steamship Company），1841 年开始运营，1954 年清算破产。造成瓦德线公司破产的主要是发生于 20 世纪 30 年代的一系列海难事故，其中最有名的是莫罗城堡号（Morro Castle）客轮事故。莫罗城堡号是瓦德线公司建造的在纽约城和古巴哈瓦那之间航行的豪华客轮。1934 年 9 月 8 日，莫罗城堡号启程从哈瓦那返回纽约，途中起火，共 137 位乘客和船员殒命。此事故后来促使海上消防安全加强。——译者注

马萨诸塞公司、荷兰西印度公司及清教徒公司等,❶ 采取了传统的从英国与欧洲进口供剥削的人力资源的方法，而且发放相应债券经营，兼营从非洲贩卖奴隶的生意。对这段历史起底最成功的是彼尔德（Beard）的《美洲文明的兴起》（*Rise of American Civilization*）一书的第一册第 103—109 页的记载。此后，大量移民抢着通过移民成为供剥削的原料；《瓦伦汀手册》（*Valentine's Manual*）1859 年卷记载道，在 1847—1858 年间，约 2486，463 个移民通过纽约港。人力的竞争对美国工业区的奴隶经济形成冲击，并且成功代之以工资经济。值得注意的是这些地区的公共良知并不以奴隶经济为罪恶，直到此种生意无利可图。

［29］例如，假设诺曼·托马斯（Norman Thomas）先生和一个坚固的集体主义国会，以及一个很大的集体主义高等法院组合继承我们这个强有力的剥削机器的衣钵，则，你可以毫不费力地推测结局。

［30］1933 年 4 月，美国发放了近 5 亿美元的小额债券，用以吸引穷人

---

❶ 弗吉利亚公司、马萨诸塞公司、荷兰西印度公司及清教徒公司都是在北美殖民时期具有代表性的开发殖民地的商业公司。在个人冒险家对北美的开发宣告失败后，民间商业公司开始涉足殖民活动。此类公司盛行于 16 世纪末及 17 世纪。它们具有法人资格，往往采取"控管"和"合股"两种形式管理，公司的体制形式与其所涉足的殖民地的政府形式具有明显的对应关系。公司的最高权力掌握在特许状设立的"股东大会"手中，管理机构由一名总督和数名助理组成，都是从公司成员中选举产生的。总督常驻伦敦，派出代理总督常驻相应的贸易殖民地。公司采取合股形式，虽然公司成员都有一定股份，但是负责日常贸易活动管理的仍然是公司的官员。相对于此前的个人冒险家的开发形式，此种商业公司具有两大突出优势：吸纳资金的能力和组织与管理的能力。商业公司通过分红的形式吸引股金，往往能筹集到大量的资金。而其高度组织化的机构和人力，也令个人开发形式相形见绌。我们熟知的东印度公司就是此类商业公司中名声较大的一个。（李剑鸣：《美国通史》第一卷，94）——译者注

的投资。它承诺按照当时市值以黄金支付本金与利息。三个月内它就反水了。弗洛伊德说，这如果是个人行为，将令个人永远丧失信用，留下流氓的臭名。如果个人形成的组织如此作为，就堪称职业犯罪集团了。

III

[31] 这些制度包括我们的自由公共教育体系、最早在乡镇体系（the township system）中建立的地方自治政府、土地转让方式、几乎全套衡平法体系（system of equity）、我们刑法典中的很大部分、我们管理不动产的方法等。

[32] 事实上，在整个欧洲，在18世纪结束之前，国家都很弱小，即使考虑到社会权力的有限增长和可供其掠夺的有限的经济积累。现代法国的社会权力负担路易十四每年的统一税收不费吹灰之力，他们恨不得共和国的税负能变回当时那样。

[33] 在伊丽莎白统治时期，由卡特赖特（Cartwright）❶ 领导的清教徒的抗争，是为了一种可以称为神圣长老会制（jure divino Presbyterianism）的理念。国教（the Establishment）当时已经采纳了惠特吉夫（Whitgift）大主教❷

---

❶卡特赖特（Thomas Cartwright, 1535—1603），剑桥大学神学教授，英国清教运动的发动者。主张每个教区委任长老执行教规，牧师由会众选举产生，废除大主教、副主教等职位，一切教职人员本质上平等。——译者注
❷惠特吉夫（John Whitgift, 1530--1604）大主教为第73任坎特伯雷大主教，此人非常反感清教，尤其是分离主义。——译者注

和理查德·胡克（Richard Hooker）❶ 的立场，即，教会体制的细节是非本质问题，所以理当服从国家法规。此后惠特吉夫的继任者圣克罗夫特（Bancroft）创立高教会派的神圣主教制信条。因此，直到1604年，长老会的抗争仅仅在世俗层面上，此后才逐渐立基于世俗与教会两层面。

[34] 这正如1789年革命之后发生在法国的千变万化。虽然历经了督政府（the Directorate）、执政府（the Consulship）、复辟（the Restoration），经历了两个帝国、三个共和国、巴黎公社，法国的国家本质并未改变；始终是实施政治手段的组织。❷

[35] 1629年，马萨诸塞湾移民队采纳了普利茅斯殖民地的教会自治模式，但发现这一原则与国家原则严重不兼容，因而毫不迟疑停止了对它的实践，仅仅保留了公理制的名称。这种伪装手法很容易被识别出本质上是现代国家取其形去其实的惯用伎俩而已。我们国家的两大党派的名称是最典型的例证。两年内，马萨诸塞湾移民队就建立起了国家教会，名义上是公理制的，实质上却如在英国一般是权力部门的一部分。

---

❶理查德·胡克（Richard Hooker，1554—1600）是一位有影响力的安立甘神学家，被认为是安立甘神学思想的创始人之一。胡克在英国国教中的地位十分重要。——译者注

❷督政府（the Directorate），共和四年雾月4日（1795年10月26日）至共和八年雾月19日（1799年11月10日）的法国政府。执政府（the Consulship）指的是法国大革命中从1799年雾月政变推翻督政府起至1804年间拿破仑称帝时止之间的政府。雾月政变解散了五百人院，迫使元老院通过建立临时执政府，拿破仑担任第一执政，掌握了全国最高的权力。复辟（the Restoration）指拿破仑1804年建立法兰西帝国，称拿破仑一世后至1815年他第二次被反法联军击败。（参见端木正主编：《法国大革命史词典》，广州：中山大学出版社，1989）——译者注

[36] 也许这一点预示了最终促使海湾公司就在其获得特许状的下一年大包小包整体搬迁到马萨诸塞的诱因，当然也是为了管理方便的缘故。

[37] 托马斯·罗宾逊·哈扎德（Thomas Robinson Hazard），这位罗德岛的贵格教徒（Quaker），在他明快的《强尼柯克文集》（*Jonnycake Papers*）一书中谈到，1675年大沼泽地之战（the Great Swamp Fight）是"该死的所谓敬虔的马萨诸塞清教徒及其鹰犬康涅狄格的长老派教徒合谋发动的对领土真正主人的战争；想到这些人，虽然我生性仁慈，也无法不和其他正直的罗德岛居民一样义愤填膺……正如年长的哈扎德女士（Miss Hazard）在康纳尼卡特（Conanicut）的祷告会上做感恩祷告时说的，她感谢上帝四十年来让她一直能克制此种愤恨。"罗德岛移民尊重印第安人对土地权的主张，与其睦邻而居。

[38] 帕灵顿先生在其著作《美国思想史》❶（第一卷，第24页）中列举了达成这种结果的如下数个步骤："1631年的法律，把选举权限制在教会成员内部，而1635年的法律则强迫所有人参加教会活动。接着，1636年又颁布一项法令，要求任何新教堂的设立须获得教会权威与国家权威双向首肯，从而事实上垄断国家机器。"罗杰·威廉斯（Roger Williams）敏锐地观察到，国家建立的建制基督教就是"人类为了维持国家秩序而发明的政治机器"。

[39] 比克内尔说，威廉斯的所有权是一套由"土地持有、投资、买卖等组成的体制，不具备任何道德、社会、人文、教育的或宗教目的"；

---

❶该书已经由陈永国翻译，于2003年由吉林人民出版社出版。以下引文对应该书中文版本的第23页。——译者注

他对位于现今普罗维登斯市（the city of Providence）所在的地域早期土地分配的分析显明"头一年普罗维登斯市陷入贪婪的对土地的争夺之中"。虽然比克内尔的历史著作宣称罗德岛公民自由的真正阐释者是克拉克而非威廉斯，但他算不上是抹黑后者。当然，他的这个论点显然有失偏颇，因为在克拉克的定居点阿奎德雷克（Aquidneck）也施行土地国家占有的制度，正如威廉斯在海湾遥远另一侧干的，不过他的此种观点对我们现在讨论的目的并不重要。

IV

［40］比如，即使纽约的三一教会地产的所有者对之不做任何处理，其经济地租也会像现在这样高。持有具"升值空间"的地产的所有者往往让其闲置，即使对之做些打理也仅仅是为了抵消税收成本；那种通常称为"纳税宝"的大厦四处可见。25 年前，一位纽约城市税收委员会的成员告诉我，经过精确推算，他们发现城市范围内仍有足够的闲置土地养活人口，只要这些土地都可耕种，得到集中开垦。

［41］作为经济学的专业术语，土地涵盖了所有自然资源，土地、空气、水、阳光、木材和待开采的矿产资源等。不了解这个术语的广泛含义使得许多作者犯下错误，以托尔斯泰伯爵（Count Tolstoy）为典型。

［42］因此，没有真正的所谓"劳动问题"，因为，若非可获得的自然资源被先占，劳动或者投资的权利就不可能被侵犯。我们称为"失业的问

题"，根本不是问题，而是国家制造的垄断的直接后果。

［43］因为相当明显的原因，这些原理不体现在我们由小学到大学的传统课程之中。

［44］由魁奈（Quesnay）、内穆尔（du Pont de Nemours）、杜尔哥（Turgôt）、古奈（Gournay）和特洛森尼（le Trosne）领导的法国重农主义学派常常被视为政治经济学的鼻祖，他们提出通过没收经济地租摧毁这套制度的理念；数年后此套理念被亨利·乔治（Henry Gorge）在美国得以付诸实践。然而，这些文人中无人意识到其设想将对国家本身造成的后果。相比之下，集体主义却狂热鼓吹通过没收土地使用价值和地租价值、废除这两方面的私有产权的方式强化和巩固国家。

［45］如果不明白该话题的爆炸性，就难以相信，直到 3 年前都没有人胆敢就美国的土地投机历史著书立说。1932 年，哈珀斯公司出版了萨科斯基（Sakolski）教授的卓越著作，冠之以《美国地产大泡沫》（*The Great American Land Bubble*）这种轻佻庸俗的名字。我认为若不仔细研读这本书，没有人可能充分理解我们的历史，或者我们民族的特性。此书毫不掩饰仅仅是对这一主题的初步探索，为未来他人，或者最好是萨科斯基教授本人的深入研究抛砖引玉。然而作为一本入门书，此书堪称精良。我在这部分中将不加引注地转述其思想。

［46］有意思的是，对土地的这种身份标识或者象征性价值的追求延续了一段时间。商业国家兴起后，以契约体制替代了身份体制，开辟了各色人等攀升进入剥削阶层的途径；新跻身的人常常表现出传统的以土地作为身份炫耀的渴望，虽然此时地租价值的上涨使得满足这种渴望的成

本越来越昂贵。

[47] 若通过使用需求而非投机需求自然确定美国的地理延展，则，我们的西部边界绝不会是靠近密西西比河的地域。罗德岛是整个联邦中人口最为稠密的地方，然而，如果沿着那里的"纵贯线"公路从一端行使向另一端，会看到那里几乎荒无人烟。从马尔萨斯（Malthus）延续下来的所谓"人口过剩"的讨论，都是基于法律意义上的占有而非物理意义上的，因此十分不严谨，也毫无参考价值。我在前面引用过的奥本海默在 1912 年做出的计算表明，如果法律意义上的占有被废除，则，不仅使每个五口之家能获得近 20 英亩土地，而且全球还能盈余 2/3 的土地。亨利·乔治❶对马尔萨斯的人口理论的批评广为人知，或者至少，很容易

---

❶ 亨利·乔治（1839—1897），美国经济学家和社会活动家。土地问题是乔治经济学思想关注的中心问题，分配问题是其理论的核心。他认为："土地、劳动和资本共同生产财富，所以，产品必须由他们三者分配。""在劳动能够被使用之前，必须要有土地；而在资本被生产出来之前，则必须使用劳动……劳动只能在土地上被人使用，它又从土地中汲取用于创造财富的物质。因此，土地是个先决条件，是劳动的场所和劳动的原料。其自然秩序为：土地、劳动和资本。资本不是我们的出发点，我们应该以土地为出发点。"由此，亨利·乔治的分配理论就从地租和地租规律开始，以工资规律和利息规律为地租规律的"推论"。在土地问题上，他认为土地垄断是历史上一切罪恶的根源，经济危机是土地垄断和投机的结果，而医治这种社会痼疾的办法只有"使土地成为公有财产"。针对这个他提出了"单一税"理论，主张对土地征收全部不劳而获的经济地租税。关于人口的理论，针对马尔萨斯认为，生产资料和财产的私有制能阻止人口危机的发生，是理想的经济制度，亨利·乔治提出了针锋相对的观点，认为人口危机正是由土地私有制造成的，他以印度、中国、爱尔兰等为例子证明自己的人口理论，指出这几个国家的人口危机都是"人谋的不臧"，是土地私有制的恶果。但是，他对人口增长的论证中，采用了物质不灭和能量守恒定律，以及以人既是消费者又是生产者为由，论证人口增长与财富增长的正效应。（参见雷定安、何俊林：《亨利·乔治的人口思想评析》，《西北人口》，1997.3）这样的论证路径今天我们已经能看出其中的粗糙与谬误了。——译者注

获知。此处必须提到，被夸大的地租价值需要为美国种植单种作物的农民长期呈现的问题负责。有趣的是，你将发现这一事实已经在 50 年前由农业部发布的农业调查报告中已经被提出了。

[48] 约翰·霍普金斯（John Hopkins）大学文学系的教授齐纳德（Chinard）先生最近出版了一本小书的译本，字数和手册差不多，由胡格诺派流亡者杜兰德（Durand）写于 1686 年，是向与他一同背井离乡的难兄难弟们介绍弗吉尼亚的，其中对弗吉尼亚的盛赞会令现代读者印象深刻。读者可以津津有味地读到，当时的地主们看待地产业的眼光令杜兰德觉得可笑，他们认为后者对这一产业的价值的认识远不够充分，这令他们反感。此书欢快有趣，很值得入手。

[49] 这就是谢瓦利尔（Chevalier）形成美国人具有"征程中的军队般的士气"的结论，以及另一同样有名的关于权变统治美国的判断的依据。

[50] 对于这些措施与其影响的最优秀的研究，见彼尔德前述作品，卷 I，第 191—220 页。

[51] 实质上，这招早有其先例。如，早期皇家授予土地时保留了国王对矿产与木材的所有权。荷兰的国家机器则保留了皮草的所有权。然而，事实上，这些限制并未造成很大影响，所以也没有多少人感到心痛，因为对这些资源开发得很少。

[52] 也有一些例外，但是不多。著名的是西纽约的沃兹沃思（Wadsworth）地产，被保留作为投资，仅仅用于放租。在华盛顿将军的生意活动中，也曾采用此种方式。1773 年，他在巴尔的摩一家报纸上发

布了一个广告，说他已经获得了位于俄亥俄和卡诺瓦河沿岸的两万英亩土地权，有意租给移民耕种。

［53］见萨科斯基前述作品，第一章。

［54］奇怪的是，那时期杰出的人物中有两位伟大的人物特立独行，未涉足土地攫取或者土地承包，托马斯·杰斐逊和亚历山大·汉密尔顿（Alexander Hamilton）。杰斐逊具有绅士天生厌恶通过政治手段牟利的倾向，他甚至都不考虑为他所做的众多有用发明中任何一项申请专利。汉密尔顿则显得不在乎钱。他的政策造就了一大批富翁，但是他自己却从未从中谋取一个子儿。整体而言，他似乎鲜有顾虑，然而，虽然他很大程度上造就了这场充斥着贪婪与卑鄙的投机风暴，自己竟得以出淤泥而不染。甚至他作为律师收取的费用也少得离谱，终其一生一贫如洗。

［55］因此，殖民地出口的原材料在英国加工后销回殖民地时价格大大提升，所以说，母国无论是在出口还是进口上都对殖民地使用了政治手段剥削。

［56］见彼尔德前述书卷Ⅰ，第195页，记载了当时英国广为人知的现象，规定征收此关税的议会中73位议员对西印度群岛的糖料作物种植业感兴趣。

［57］然而，必须说明，只要土地不能如劳动力市场一样自由竞争，自由贸易绝不可能开展。关于自由贸易与保护并济的悖论性政策的讨论根本不触及对土地的限制，因此完全是噱头而已。荷兰和英国，这两个常常被标榜为自由贸易的国家，名不副实；它们所具有的贸易自由，是为

其特定经济要求服务的。19 世纪美国的所谓自由贸易商，如萨姆纳（Sumner）和葛德金（Godkin）❶，所做的并非真是自由贸易，他们绝不被允许，也不愿意思考一个关键的问题：如果自由贸易是好的，为什么实行自由贸易的英国的劳动环境并不比采取贸易保护主义的德国更好，反而更差呢？答案当然是，英国没有未被先占的土地吸收流动劳动力，或者供以与工业持续竞争劳动力。

［58］其时发动革命以及推动革命进展所耗费的努力之巨尚未成为美国历史的陈词滥调，但也开始得到充分认知，其中奥义由一部分中立的历史学家的研究显示。

［59］在商业国家普遍替代了封建国家之后，被这种国家观念推动的现代世界中国家主义兴起与爱国精神的高涨十分明显。我不认为这个问题得到了深入的探讨，也不认为爱国主义情怀已经被循着国家观念史得到充分的审视，即使这一工作是非常有价值的。

［60］至今，时代精神的作用无论在英国还是美国思想界都尚鲜有进展。英国最近的国家研究专家拉斯基（Laski）教授对国家与官僚体系所做的详尽区分与一个半世纪前的研究类似。他似乎将国家视为社会性制度，虽然他对此的认证根本不清晰。然而，鉴于他的结论是导向集体主义的，此种推理方式就情有可原了。

---

❶萨姆纳（William Graham Sumner，1840—1910），耶鲁大学首位获得社会学教授席位的美国自由派学者，思想倾向被认为是原教旨的自由至上的，反对帝国主义经济战略。葛德金（E. L. Godkin，1831—1902），任颇具影响力的《国家》（*The Nation*）杂志的主编，抗议美国的帝国主义，反对对西班牙的战争。——译者注

[61] 比如，一个政党被赶下台之后，另一个立即被扶上台。

[62] 事实上，能预见的唯一必要的改变是最小政治单位必须自己严格把控征税权。更大的政治单位不应该有任何直接还是间接征税的权力，而是要将其要求报呈给镇，由其定额允准。这必然造成将更大的政治单位的机构精简到毫无冗赘的程度，且将有效防止他们僭越被委派的职能，这种越权现象在严格的"政府"体制下少有出现，到联邦层面会很少。想象一下，如果削减今天华盛顿所有关于政治手段的维持和运作的官僚行为，官僚体系还能剩下多少！如果国家被"政府"取代，也许所有的联邦机构在国会大厦里就安下家了，很可能还挺宽敞。

[63] 哈灵顿 1656 年出版了一本《大洋国》。洛克的政治论文集出版于1690 年。❶ 斯密的《国富论》则于 1776 年出版。

[64] 该条理论，以及其推论——民主首先是一种经济状态而非政治状态，都是非常现代的。法国的重农主义者和美国的亨利·乔治修改了哈灵顿的操作性建议，提出通过地方征用经济地租这种更为方便的方式也可实现相同的结果。

[65] 洛克认为，战时国家完全可以征用其国民的生命和自由，却不能碰他们的财产。有趣的是，现在商业国家运作中坚持贯彻着这点。在 20年前商业国家间因为利益竞争而产生的一场巨大冲突中，国家肆虐侵犯生命与自由权利，但是对财产权却很慎重。这条极端原则通过所得税修正案被引入我们的宪法，战时曾数次试图将财产权降至与生命和自由权

---

❶指的是洛克的《政府论》。——译者注

利同等地位，但是，至今都未成功。

[66] 有必要回顾一下 17 世纪晚期、18 世纪早期的著作，看看当时"民主"和"民主主义者"为何完全是带有侮辱或者指责性的词汇。这两个词作这种用处的状态无论在英国还是美国都持续了很久，就像现在"布尔什维克主义"和"布尔什维克主义者"被我们派作的用处一般。随后它们又沦为边沁称之的"忽悠型术语"（impostor – terms），指称现存的经济和政治秩序，一种纯粹名义上的共和主义。现在人们常常借用这样的表达来形容美国的政治体制，甚至某些有学识的人也如此，更有趣的是，即使勃兰特·罗素（Bertrand Russell）和拉斯基这样对现存体制鲜有好感的人也如此用。有时我不由得好奇我们的革命先辈们若听到现在某些夸大其词的政治表演颂扬他们建立了"伟大和荣耀的西方民主"时有何感受。

[67] 这两种特质的并列是亨利·诺克斯将军（General Henry Knox）的创造，他是华盛顿的战争部长（Secretary of War）❶，也是位忙碌的地租投机商。他在 1786 年谢斯起义爆发之际写给华盛顿的一封信中如此使用，信中他义愤填膺地提出建立强大的联邦军队的请求。此时期的作品很有意思，你总能发现道德优越性何等频繁地被与财产所有身份联结。

---

❶ 战争部长为总统内阁成员之一，从华盛顿总统在任时开始设置，曾经掌管三军的对内对外事宜。1789 年海军部长（Secretary of Navy）从其掌管下独立出来。至 1947 年，战争部长被陆军部长（Secretary of Army）和空军部长（Secretary of Air Force）取代，海、陆、空军部长一同从属于国防部长（Secretary of Defense）。——译者注

V

［68］例如，想想现在的状况。我们的自然资源，虽然消耗了很多，仍很丰富；我们的人口很稀少，每平方英亩上约有 20 或者 25 个人；却有约数百万人口处于"失业"状态，而且此种状况很有可能持续，因为没有人将或者能"为他们提供工作"。不是说人们普遍屈从于这种状态，或者他们视之为不可避免，而是，他们未能觉悟其中的不对劲或反常，因为他们持有固定观念认为工作是被赋予的。

［69］比如，现在生产的停滞完全因为国家干预，而未来还有多少干预还不确定。

［70］有一点一直未能得到深刻理解，那就是，国家干预的成本必然由生产支付，因为生产是对任何东西的任何支付能够抽取的唯一来源。然而，干预妨碍生产，随后造成的银根紧缩和不便又引发进一步的干预，结果更深地妨碍生产。这个过程将持续，直到如罗马在 3 世纪显示的，生产完全停止，支付的源头枯竭。

［71］事实上，所有十三个单位都延续了殖民地时期已经存在的土地制度，即，赋予既得利益阶级以垄断土地租赁与使用价值的权力。美国未存在过其他制度，除犹他州在摩门教统治下曾采取的短命制度。

［72］对革命后土地投机的出色的总结，见前述萨科斯基著作，第二章。

[73] 萨科斯基准确地窥见土地投机的狂热是由新政治单位提供土地偿付他们的公共债务的行动引发的，这导致围绕"土地转让证书"进行的各种名目的投机。名列这项事业中的最惹眼的名字有：威尔逊·C. 尼古拉斯（Wilson C. Nicholas），后来成为弗吉尼亚的州长；号称"轻骑兵哈利"的李（"Light Horse Harry"Lee），卓越的联盟部队总司令的父亲❶；史密斯菲尔德（Smithfield）的约翰·普勒斯顿（John Preston）将军❷；以及乔治·泰勒（George Taylor），首席法官马歇尔（Chief Justice Marshall）的内弟。李、普勒斯顿和尼古拉斯被康涅狄格州的投机商提起诉讼，状告其在交易中有欺诈行为；李于启程去西印度群岛的前夜在波士顿被捕。双方曾以每亩 10 美分的价格，就据说 300,000 英亩土地订立了买卖合同，然而，投机商一方考察后发现，该契约所涉及的土地实际面积不到承诺的一半。这种形式的欺诈在当时相当普遍。

[74] 新的政治单位延续了殖民地时期严格规定纳税人和财产所有者的投票权的传统，仅仅拥有巨额财富的人才有资格出任公职。因此，主权实践的本质上是经济权利，而非自然权利。

[75] 这就是著名的谢斯起义（Shays's Rebellion），发生于 1786 年。马萨诸塞的债权人阶层控制了政治手段，并且通过创制宪法稳固这种控制。该宪法令农民和债务人无法忍受，以至于 6 年后爆发了由丹尼尔·

---

❶联盟部队总司令罗伯特·爱德华·李（Robert Edward Lee），美墨战争中的重要将领，南北战争中任南方联盟的总司令。——译者注

❷约翰·普勒斯顿（John Preston，1809—1881），种植园主出身，19 世纪南卡罗莱纳政坛中举足轻重的任务，后成为南北战争中的将军。——译者注

谢斯（Daniel Shays）领导的武装起义，旨在废除苛刻的宪法条款，夺取对政治手段的控制权。这一事件突出地反映了国家的本质和目的。起义很大程度上巩固了债权人阶层的地位，为他们建立强力国家的立场提供了辩护。杰斐逊不屑地谈论该立场，称其为"料理投机、利率和存款的机构居心叵测的哭闹和运筹"；至于这场起义，他对约翰·亚当斯夫人（这位女士的丈夫约翰·亚当斯就是《马萨诸塞宪法》的主要起草者）评论道，"我希望现在时不时有些起义……反抗政府的精神十分宝贵，我希望它长盛不衰。政府出错的时候应该有反抗，好过完全不反抗"。在此时与另一人的通信中，他热切地说道，"我们竟然二十年间无此种起义，这是忤逆上帝的"。此种性质的附言散见于杰斐逊的著作中，显示了他的直觉使他深谙国家的本质。❶

[76] 萨科斯基教授观察到，当《邦联条例》被宪法取代后，土地投机的计划更"如注入了鸡血似地攀升"。他说道，往往民族国家的新结构得到这个投机阶层的强劲支持，因为他们预见到"有了一个有效的联邦

---

❶谢斯起义（Shays's Rebellion）起因于1785—1786年美国发生的严重的经济萧条。工业品和农产品滞销，战后农民的生活处境艰难。这种情况下爆发了美国第一次人民起义——谢斯起义。谢斯起义爆发于马萨诸塞。农民面对农产品滞销和税收苛刻的双重问题，于1786年秋天爆发了起义。领导者丹尼尔·谢斯参加过独立战争，战后回家务农，在这场萧条中破产，被选为起义军领袖。1787年2月，起义军被政府军击溃，起义失败。该场起义促使统治阶级加快了制定新宪法的步伐。（参见李剑鸣：《美国通史》第二卷，50—51）马萨诸塞的制宪运动是美国宪政探索阶段（1776—1780年）的重要范本，是其中成就最为突出、影响最为深远的尝试。它开创了制宪会议和人民批准宪法的模式，设计了以分权制衡为特色的共和体制，推动了英国立宪经验在美国的本土化，为《联邦宪法》提供了直接的理念资源。（参见李剑鸣：《美国革命时期马萨诸塞立宪运动的意义与影响》，《历史研究》，2004，2）——译者注

政府，（地租）必然会大大提高"。

[77] 1787 年制宪会议一半以上的代表都是公共债券的投资商或者投机商。可能这些证券所具有的百分之六十的价值都是泡沫，甚至其持有者也这样认为。

[78] 可以观察到，此时"民族性的"一词还是贬义的，其含义类似于"法西斯主义的"一词今天在某些地区所表达的含义。没有比研究政治术语与经济利益均势的变迁之间的关系更有趣的事儿了，能与之媲美的，仅有在这种关系的视角下称为党派政治历史的研究。

[79] 正如历史显示的，这样做的明显原因为，第一阵营的利益集团相对更为团结和更易动员。而第二阵营的农民，相对松散而反应滞后，他们之间的沟通迟缓，动员相对困难。

[80] 这些伎俩最近已经被一些专家注意到了，其中比尔德那本里程碑式的著作《美国宪法的经济解读》（*Economic Interpretation of the Constitution of the United States*）进行了详尽阐述。

[81] 比尔德：《美国宪法的经济解读》，第 337 页。

[82] 对政治手段的分配有影响的首要是那些汉密尔顿起草的关于发行债券与债务继承、保护性关税以及国家银行等措施。这些措施实际上给予第一阵营的阶级以排他性的运用政治手段的权力，其他阶级能染指的仅剩专利权和版权。在前面谈到的比尔德的书中第八章清楚而详尽地讨论了这些措施。还有拙著《杰斐逊》（*Jefferson*）一书的第五章中对这些

措施的分析可能也值得一读。❶

[83] 最高法院的权威曾被杰克逊（Jackson）藐视，被林肯（Lincoln）否决，当时国家形态暂时由寡头制变为独裁制。很有趣的是，可以看到，这种突变也被宪法制定者预见了，尤其是汉密尔顿。他们十分明了在危机时期这个伪共和体制（quasi‐republican）能轻易转变为行政专制体制。奇怪的是，杰斐逊曾一度想通过行政手段废除客籍法和镇压叛乱法（the Alien and Sedition Acts），但最终没这样做。林肯否决了首席大法官坦尼（Taney）宣布暂时冻结"人身保护状"（habeas corpus）是违宪的判定，由此至1865年国家形态是军事独裁专制。事实上，从林肯宣布冻结之日起，终其任内统治都是违宪的。他依仗"保留权力"（reserved power）原则作为其行为的合法性依据，然而，只要参考宪法的意图，会发现这条原则纯粹是他的臆造。事实上，据此可以判断，林肯的作为导致整个司法解释体系的永久且根本的变化：从他开始，司法解释不再是解释宪法，而仅仅是解释公共政策；或者，正如我们那些最犀利和深刻的社会批评家所说的，"最高法院为违法正名"（"th' Supreme Court follows th' iliction rayturns."）❷。一个严格的立宪主义者会说，宪法死于1861年，恐怕绞尽脑汁也未必能反驳他。

---

❶汉密尔顿的经济思想简介：一、建立公共信用的思想，他建立公共信用的计划的核心是清偿国债，即邦联政府留给联邦政府的债务，这涉及发行债券和债务继承问题。二、建立国家银行。三、发展制造业，针对初期发展的工业，实行保护性关税制度。（参见丁建峰：《汉密尔顿政治、法律和经济思想的历史考察》，北京师范大学硕士学位论文，2005）——译者注

❷也被表述为"Th' supreme coort follows th' iliction returns"。——译者注

[84] 马歇尔是约翰·亚当斯在其总统任期接近尾声之时任命的，此时第一阵营的利益群体已经因受剥削的利益群体对他们日益高涨的对抗十分焦虑了。奥利佛·沃尔科特（Oliver Wolcott）写给菲舍·亚美斯（Fisher Ames）的一封信中很好地展现了所谓人民主权的原则究竟意味着什么。他提及军事措施时的评论触目惊心，他说，"国会那些冷静的人试图扩张司法部门，我希望他们的办法能早点确定下来。在这个国家不可能让军队凌驾于政府之上；要与国家的反对派作战，除了使用一个由法官、地方法官和其他行政官员组成的高效的、扩张的组织外别无他途"。此后，马歇尔上任，他新创设二十三项联邦审判权。马歇尔的重要判决是在马伯利诉麦迪逊案、弗莱切尔诉培克案、马卡洛诉马里兰州案、达特茅斯学院诉伍德沃德案和科亨诉弗吉尼亚案中做出的。也许人们往往没有明白，经过马歇尔的一系列努力，最高法院不仅是最高司法解释机构，而且成为最高司法制定机构；其判决所创造的判例具有宪法的效力。因此，自1800年，美国的国家模式已经成为一般意义上的一小撮不负责任的寡头主导的模式！杰斐逊十分公正地视马歇尔为"一个依据自己的逻辑将法律复杂化的狡黠的首席法官"，他曾在1821年做出著名的预言，"我们的政府现在正稳健地展示它趋向灭亡所选择的路程，也即首先通过统一，其次通过腐败，后者是前者的必然结果。统一的动力源泉是联邦司法体系，其他两个部分分别是引起腐败和被腐蚀的部分"。他对集中的另一个预言式评论是："当我们必须等候华盛顿教导我们什么时候种什么时候收时，我们很快就会缺衣少食了。"只要看看我们现在的政治状况就无须赘言这些预言多么精确了。

[85] 数年前他考察了英国的两党制，曾诙谐地评论，"'庙'小容不下

两派同时执政，因此竞争将是永恒的，一个必须将另一个挤出去。为了达到这一目的，他们分为了两党：在朝党和在野党"。至于为什么他看不到这一幕必然也将在美国上演，看不到导致其在英国发生的原因也将在这里奏效，这令后人无法理解。显然，尽管某种卓越的直觉使他十分警惕党派政治，因而从不参与任何党派结盟。然而，他还是未能察觉美国的趋势。他 1789 年写信给霍普金斯（Hopkinson）时说："我从不将我的思想体系归为任何派别在宗教、哲学、政治或者其他任何我能独立思考的领域的影响。此种门派嗜好是一个自由而道德的主体最彻底的堕落。如果不皈依某个派别我就不能上天堂，那我宁愿不去。"

[86] 阿尔伯特·杰伊·诺克：《杰斐逊》，第 274 页。选举杰斐逊的农民、工匠、债务人经济集团称为共和党（其后又更名为民主党），而反对集团则以制宪之前的传统名称"联邦党人"称呼自己。

[87] 克利夫兰（Cleveland）第二次任职期间，民主党参议员在对糖征取关税上的行为就是一个例子，这例子太明显了所以不可能不被注意。此事发生后，在一份华盛顿报纸的一篇诙谐的文章中那些典型的贪赃枉法的公务员被戏谑地称为"糖浆参议员"（Senator Sorghum）。

[88] 杰斐逊是首个承认他购买路易斯安那土地的行为是违宪的；但是这一行为增加了数百万亩的农业资源，大大增加了潜在的支持农业利益集团把持政治手段的选举力量，以抗衡联邦党人代表的金融业和商业利益群体对政治手段的控制。杰斐逊仅仅诉诸公共政策来替自己辩护，这预示了 1861 年林肯的自我辩护，后者也通过类似的既成事实手法挑战国会和农村，不过这次，他是代表金融和商业利益群体对抗农业利益群体。

[89] 亨利·乔治曾对他目睹的国家公务员素质逐步但惊人的下滑做出过犀利的评价。这点在总统职位和参议院席位上表现得最为明显，虽然这一现象在别的职位或者各个地方都普遍存在。联邦众议员和各州立法机构恐怕也难逃此种趋势。

[90] 在我们政治词汇的所有"忽悠型术语"中，这几个是最公然厚颜无耻的，其使用可能是最寡廉鲜耻的。我们已经看出，在这个国家，民主连一点影儿都不见；也没有半点自由竞争的踪迹，因为，自由竞争的存在，即使很微弱，也显然与政治手段的实施格格不入。同样的原因，从未存在过"朴实的个人主义"政策，"朴实的个人主义"往往被用以向国家哭闹讨要各种经济便利。如果读者对此有兴趣，请看看没有借助政治手段的扶持就获得成功的美国企业到底有多少，或者没有依靠此种辅助累积的财富究竟几何就了然于心了。现在"放任主义"已经完全变成了一个骂人的词，那些还将它挂在嘴边的人要么是还蒙在鼓里，要么就是故意滥用了。至于我们的文明有多么出类拔萃？可以稳妥地说，我们的保险公司的统计数据显示，已满六十五岁的人中有五分之四需要靠亲戚或者其他形式的救济。

VI

[91] 不久前拉斯基教授分析了年轻人，特别学生群体对国家道德要求标准的降低。造成此种状况有多种原因，但是我认为最主要是因为我们的经历的统一性。国家的宣传一贯天花乱坠，这些宣传与其实际行为之

间的反差一贯昭然若揭，人们好像根本不再期待别的结果。也许西班牙战争后对我们在太平洋和加勒比海地区的帝国主义行径的抗议标志着那种无力而垂死的道德要求的最后一搏。拉斯基教授对我国的学生团体与英国和欧洲的比较显得牵强，如果考虑到任期固定与行政的不负责任使得美国国家机器对抗议毫不关心，根本形不成有效的问责。正如杰斐逊说的，弹劾这一机制"甚至起不到稻草人的作用"。❶

[92] 举一个例子说明其机构的庞大。16 世纪初教会拥有法国五分之一的土地，主要通过建修道院来占有。

[93] 然而，可以看到，惯例妨碍我们发现由于管辖权限的重叠与功能的重复，美国国家机器的机构膨胀到何等地步。现在，平均每个公民要受六个甚至更多分立但重叠的权力机构管辖，联邦、州、郡、镇、市政、区、学区、（城市的）区、联邦的区，等等。几乎每个机构都有直接、间接或者兼有地向公民征税的权力，众所周知，这一权力的底线仅仅是以安全的方式征取。由此，我们归纳出一条常常被戏称为"斯穆特政府定律"（Smoot's law of government）的规律，用最近一位来自犹他州的参议员朴实的话说，无论哪个党执政，政府的花费只会逐年递增。如果知道了公务员和负责募资的政府雇员的负担具体有多少，人们会恍然大悟：要记得现在对"失业者"的救济已经形成固定的从有收入者中抽取救济的制度。直接税收加上间接的税务和自愿的捐赠，说每两个公民负

---

❶固定任期的制度设计：美国总统任期 4 年，对连任及连任届数则未作任何规定，等于实际上容许连任。总统任期固定和可以连选连任，大大加强了总统的地位，保证了政府的稳定性和连续性。——译者注

担一个人可能并不离谱。

[94] 例如，交换这一基本过程是必需的，非政治的，和世间其他事宜一般简单。卑微的美国乡下人以鸡蛋换乡村杂货店里的培根时，或者邻居以鸡蛋换取他在地里挖一天土豆的劳动时，都深谙这一道理，操作起来也游刃有余。他们的准则是：商品或服务换取商品或服务。在任何地方没有、从未有、也永不会有任何商业领域的交易（无论多么重要或看上去多么复杂）不能直接还原为此准则的。然而，为了交换的方便，货币产生了。货币是机巧造物，还有支票、汇票、票据、金融票据、债券、证券等信用品也是，都是出于同一原因被创制的。这些机巧造物被发现可供剥削。从此，国家为了"规范"和"监督"对它们的剥削而采取的干预的程度和范围显得无穷无尽。

[95] 这世上最奇特的事情莫过于，那些憎恨和害怕集体主义的利益集团却同时是推动国家采取每一小步迈向集体主义的中坚力量。想想，是谁督促建立国家贸易委员会（the Federal Trade Commission）？是谁要求扩展商务部（the Department of Commerce）？是谁要求建立州际商务委员会和联邦农委会（the Interstate Commerce Commission and the Federal Farm Board）？是谁通过《反信任法》（the Anti‑trust Acts）？是谁督促建公路、挖水路、提供航空服务和补贴航运？如果这些步骤不朝向集体主义目标，还朝向什么？而且，鼓励国家采取这些措施的那些利益集团在攻击"共产主义的幽灵"和"红祸"（the Red menace）多么吓人时，他们这种激烈的言辞究竟有何意义？

[96] 1935 年 7 月 1 日发表的国会提议制定银行法的文本几乎占据了

《华尔街日报》四个版面！真的现在——现在真的——可能想象比这更荒谬的事吗？

[97] 如1932年在我国，后来在意大利、德国和俄国，法国在执政府衰亡后，罗马在佩蒂纳克斯（Pertinax）死后等时期。

[98] 愚昧无止境；当听到有人将铁路公司援引为"朴实的个人主义"的样本时，不禁要怀疑这个说话的人究竟是智商有问题，还是人品有问题。尤其我们的纵贯线公司，根本不能称为铁路公司，因为运输仅仅是它的附属性业务，它真正的业务是地产投机与补贴套取（subsidy-hunting）。记得数年前我曾见过一份声明中说（原文我记不得了，但是出入不大），在其被写成之际，赋予北太平洋公司的政治手段按其时现金值算，不仅能让该公司建设四条纵贯线，还能建设一个舰队，并且维持该舰队在整个世界的服役。如果这样的手法叫作"朴实的个人主义"的话，未来的词典编纂者倒是可以对这个词大书特书了。

[99] 一个农民，准确来说，是一个以尽可能满足家庭成员需求为目标的不动产保有者，是一个经济上自给自足的独立单元。任何超过此种需求之外的产出都被他化为经济作物。还有一种农业从业者，并不是农民，而是制造商，比如那些制造毛织品、棉纺织品或者皮鞋的商人。他只做一种经营，无论是牛奶、玉米、小麦、棉花还是其他什么，完全是经济作物；如果他的这种商品在市场上的价格降到了生产成本以下，他就和那些制造某种商品多于市场需求的汽车制造商、鞋子制鞋商或者裤子制造商等一样不走运。他的家庭不是自给自足的；他家庭日常所需都由购买得来；他的孩子不能光靠棉花、牛奶或者玉米存活，就如鞋子制鞋商

的孩子不能光靠鞋子存活一般。还可以区分出第三种，此种人从事农业只是为了占取因投资农业地价而享受的税收补贴政策。后两种阶层才是号召干预的首要群体，事实上，他们常常不择手段要求干预；他们投身农业不是为了耕作。

[100] 据威斯康星州的媒体报道，此种强制性干预所能达到的具体化的极限已经实现了。此报道称，5 月 31 日，州长拉·福莱特（Governor La Follette）签署了一个法案，要求所有公共就餐场所的每一顿超过 24 美分的食物所消耗的每盎司奶酪中要有三分之二是威斯康星产的，每盎司黄油中要有三分之二是威斯康星产的。干涉到如此具体的程度，恐怕只有回到 18 世纪《英国贸易法案》才能找到知音，即使这一法案也难以完全与之匹敌。如果这样的规定（无论餐馆是自己为这种供给掏腰包还是转嫁给消费者都没关系）都能算是符合"正当法律程序"的话，那必然无法阻止纽约州立法规定每个公民每年必须买诺克斯（Knox）制造的帽子两顶、芬奇利（Finchley）制造的套装两套了。

[101] 即使寓言中羊没有除狼以外的其他求助对象，但是，我们仍然能判断，羊向狼求助是白费力气。

[102] 现在大家都已经心知肚明，去法庭不是寻求正义去的，而是寻求牟利或报复去的。有趣的是，你能发现有些法律哲学家现在说，法已经与正义毫无关系，而且也不想建立这种关系。在他们眼中，法律只是一份哄骗我们觉得社会还过得去的手法的演出记录。人们也许对接受这些哲学家关于法律是什么的评判还十分迟疑，但是应该会赞赏他们关于法律不是什么的坦诚告白。

[103] 此种愤恨十分值得注意。尽管我们野心勃勃的国家干预的试验失败了，我敢说，人们仍然十分愤恨萨姆纳教授（Professor Sumner）为自己招致恶名的评论，他说，当人们声泪俱下地控诉"穷困潦倒的醉汉躺在贫民窟里"时，似乎从未想过，贫民窟难道不正是这种人应该躺的地方吗？人们也愤恨彼得伯勒主教（the bishop of Peterborough）宣称他宁可看到英格兰自由，而非清醒。❶ 然而，这两种评论仅仅是指明了我们每天亲身体验的那条伟大真理而已，即，干预事物的自然秩序的图谋必然以这种或者那种形式，恶化事态。

[104] 19 世纪英国工业生活中的惨状成为积极干预成瘾的浓缩写照。工厂和矿山中的童工与女工、焦煤镇和庞德比先生的故事、不能果腹的工资收入、超长的劳动时间、肮脏而危险的劳动环境、由恶棍指挥的棺材般的船只，等等，这些都被改革家和时评人不假思索地归咎于朴实的个人主义、无限制的竞争和自由放任构成的体制。但是，一眼就能看出此种论调的荒谬性，因为，英国从未存在过此种体制。这一切都是国家干预的后果，是因为国家干预征用英国民众的土地，是由于国家将土地从与工业的劳动力竞争中移除。工厂制度和工业革命根本未参与制造悲惨的失地人群。当工厂制度发明时，这些人群已经存在了，他们的土地被征用，只能进入工厂，无论葛莱恩先生和"地包天"普拉格森先生给予他们什么条件，因为他们如果不想乞讨、偷窃或者挨饿的话，没有选择。他们那种悲惨和卑贱的生活并不是个人主义的产物，而是国家的产物。亚当·斯密经济学不是个人主义经济学，而是地主和工厂主的经济学。

---

❶指国家干预贫民窟醉汉问题取得成效。——译者注

我们当中国家干预的狂热信徒应该好好读读《圈地法案》（the Enclosures Acts）的历史和哈芒斯兄弟（the Hammonds）的作品，再作感想。❶

[105] 当罗伯特·皮尔爵士（Sir Robert Peel）建议组织伦敦的警察力量时，英国人公开说，即使白教堂区（Whitechapel）每年切开六个人的喉咙，此代价相较于国家掌控了这样一个潜在的专制机器而言还是更小。现在，我们开始意识到这个观点真是至理名言。

---

❶庞德比先生（Mr. Bounderby）和葛莱恩先生（Mr. Gradgrind）都是狄更斯《艰难时代》中的人物。"地包天"普拉格森先生（Mr. Plugson of Undershot）是托马斯·卡莱尔（Thomas Carlyle）作品中的人物。——译者注